新版 いますぐ妻を社長にしなさい

金持ちサラリーマン続出の
知らなきゃ損する資産形成術

破産しかけた元銀行員
坂下 仁 Jin Sakashita

フォレスト出版

新版刊行にあたって

この本は、「確実にお金持ちになれる資産形成術」について書いた本です。

「そんなことは絶対にありえない」

そう思われるのもムリはありません。なぜなら「お金持ちになれる人は一握り」というのが世間の常識だからです。そんなあなたに、とっておきの秘策をお伝えしましょう。**「自分がお金持ちになる」ことをあきらめてください。**そのかわり**「妻や子どもをお金持ちにする」と決めてください。**するとあなたも、「一握り」側に移れます。

この本に書かれた資産形成術は、**お金の常識からすれば非常識**です。ところが、**忠実に実践した人は着実に裕福になっていく**のです。その過程でさらに驚くべきことも起きている。**仕事も家庭も人生もうまくいきはじめる**のです。

30年近くも金融業界のど真ん中に身を置いて、膨大なビッグデータやあまたの成功例と失敗例を見てきた私の結論でもあります。

「そんなにうまい話、あるはずがない」

たしかにその通りです。NISAやiDeCoを積み立てたり、株やFXで運用したり、アルバイトで副業する程度では、お金持ちにはなれません。

でも、発想を転換すればお金持ちになれる。それが「妻社長メソッド」。妻や子どもなどを社長にする非常識な方法で、不公平な税金と社会保険料を未来永劫取り返すのです。

人生最大の支出が何か、ご存じですか？

住宅費・教育費・老後生活費を人生の三大支出といいますが、いずれも人生最大の支出ではありません。税金と社会保険料の合計額「国民負担」のほうがはるかに大きいのです。

「そうだとしても、サラリーマンは節税できないので、取り返せるわけがない」

たしかにサラリーマンは節税できません。だからこそ、そんな常識をすべて捨て去って、発想を転換します。節税だけではありません。お金の常識を、ことごとくひっくり返します。なぜなら、お金の常識は、9割が間違えているからです。

本書は2014年2月に出版された『いますぐ妻を社長にしなさい』の新版です。10年も前の本をリメイクしたのには、わけがあります。

当時の企業は副業を禁止していました。そんな時代に破産しかけた銀行員を裕福にした副業とならない資産形成術が話題を呼び、テレビやラジオ、新聞や雑誌など、数十を超える大手メディアが取り上げました。

本書がきっかけで自分法人「プライベートカンパニー」が大流行。法人増加率はこの年に過去最高を記録し、いまなお塗り替えられていません。類書も続々と登場しました。

10年という歳月が再現性を証明 いますぐ妻や子どもを社長に！

この10年で十数万人が妻社長メソッドを学ばれました。

受講生の顔ぶれも、多忙なビジネスパーソン、副業しにくい公務員、経営者や士師業、パートや主婦、海外居住者などさまざま。共働き夫婦や独身、子どもでも大丈夫でした。

ジャンルも、大家業をはじめ、輸出入などの物販、講師業やコンサルタント、ライターやクリエイターなど多岐にわたっています。

学んだことを忠実に実践した人の1年後の収支は、最低でも数十万円、最大で一千万円増えました。収入が数倍になって独立する人や、著者デビューする人も続出しています。

10年という歳月が、再現性を証明してくれたのです。第7章の11名の実体験がそれを物語っています。

そんな背景もあって、実践者や出版関係者から、リメイク版を出したほうがいいのではないですか、という声が多数寄せられていました。

そこで、これらを盛り込んで全面改訂し、約5万字を追加して2倍に増補しました。初めて読む人も、旧版を読んだ人も、楽しく学べる内容に仕上がっています。

最初はすでにあるモノやスキルを流用するのでリスク0です。副業にあたらない「副業ごっこ」から始めるので、プライベートカンパニーは軌道に乗ってからでも大丈夫です。

ただし、受講生全員がお金持ちになったわけではありません。親の介護や健康上の理由などで続けられなかった方もいました。そのなかには「お金儲けのノウハウだけ学んで自分さえ儲かれば、あとはどうでもいい」と自分中心に考える人も少なからずいました。

お金の専門家として、あえて厳しいことを言わせていただきますが、自分のことしか考えていない人はお金持ちにはなれないし、幸せにもなれません。なぜならお金とは、誰かに貢献して、感謝されて初めていただけるモノだからです。

応援も貢献もしない人は、誰からも応援されないし感謝もされないので、お金持ちにはなれないのです。ノウハウよりも、考え方（マインドセット）のほうが大切だということ。たとえ運良くお金儲けできても、利他的になれない人はいつか必ず転びます。

では、正しいマインドセットを身につけるにはどうすればいいのか？

妻社長メソッドを実践し続けることです。妻社長メソッドは節税メソッドであると同時に「お金とは感謝の気持ち」というお金の本質に基づいた利他的なメソッドだからです。利他的なメソッドを実践し続けて初めて、正しいマインドセットが身につくのです。

資産形成術について書かれた本なのに、ノウハウよりもマインドセットが大切だとか、利他的になれとか、わけがわからないと思われたかもしれません。

でも、読み進むにつれ、「確実にお金持ちになれる非常識な仕組み」が腑に落ちて、衝撃を受けることになるでしょう。いままで何十年も信じて疑わなかった常識が根底からひっくり返るのです。

常識ある人にとっては、非常識に思える発想こそが、裕福と幸せをもぎ取れる唯一の方法です。裏を返すと、常識という殻の内側にとどまる限り永遠に変われません。

殻を破れるのは殻の内側にいる自分だけです。だからまずは「自分がお金持ちになる」という自分中心の発想を捨ててください。そのうえで「妻や子どもをお金持ちにする」と決めてください。そのために、いますぐ妻や子どもを社長にするのです。

お金は大切ですが、貯めるよりも、使いながら稼ぐほうが節税できて、2倍以上早く増えます。家族や仲間、遊びや健康も大切です。やりがいのある仕事で貢献して自己実現することも、夢を追いかけることも大切です。

バラバラに見えて、すべてが根っこでつながっている。だからこそ相乗効果で夢が叶う妻社長メソッドが効いてくるのです。

必然的に、生きる世界が別次元にシフトするので、人生が自分のものになる。給料があがらないとか、物価や税金が高くなったと一喜一憂する世界とは無縁になるのです。

いまからでも間に合う！
一度きりの人生、「やりたいこと」で稼ごう

いまでは政府も副業を奨励しています。それなのにサラリーマンの9割は、副業をしていません。なぜなのか？　リサーチして判明した主な原因は次の通りでした。

●忙しくて時間と体力に余裕がない。
●何を副業にすればいいのかわからない。
●副業より「やりたいこと」に自分の時間を使いたい。
●家族に反対されて踏み切れない。
●同僚のねたみや上司の目が気になる。
●本業がおろそかにならないか不安。
●人事評価や出世に響くかもしれない。
●失敗してお金を失わないか不安。
●いまなお、就業規則で副業が禁止されている。
●やり方がわからないし、面倒くさそう。

すべて解消できるので、そんな人にこそ試してほしいと思います。

たとえば、時間と体力を消耗する「雇われ仕事」はやりません。バイトのような「やらされ仕事」ではなく、妻や自分が「やりたいこと」で楽しみながら稼ぎます。「やりたいこと」とはライフワークですから、続けるだけで幸せを感じられるようになる。しかも、「稼げるライフワーク」なので、やればやるほど稼げます。お金の不安がない幸せを実感しながら、思い描いた夢を叶えるのです。

子どもの頃や若かりし頃のあなたは、夢や希望に満ちあふれていませんでしたか？それなのにいつの間にか、社会や常識の枠組みに絡め取られ、自分で自分をあきらめてしまったのではないですか？

本当はもっと伸び伸びと、心の底から「やりたいこと」で稼ぎながら、一度きりの人生を楽しみたかったのではないですか？

あなただけではありません。あなたのパートナーも本当は同じ想いを抱いていたとは思いませんか？

妻社長メソッドなら、いまからでも間に合います。妻社長メソッドには時代や地域を超えた普遍性があるからです。そこで第1章～第4章については旧版を活かしながら、制度や数字が変わった箇所を中心に改訂・追補しました。当時私たちの副業だった大家業を例に解説しています。

その後、大家業は副業のままで情報ビジネスを本業にして独立し、お金のソムリエ協会を設立。その過程で得られた知恵を序章と第5章〜第7章の計4章に盛り込みました。

本書の構成上、サラリーマン男性が専業主婦の妻を社長にする想定で書いていますが、実際はどなたにでも適用することができます。

第7章には、私たち以外の11家族の実例を収録しています。本書の旧版を読んで衝撃を受け、妻社長メソッドにチャレンジされた皆さんです。ビジネスの種類も、定番の大家業に始まり、輸入や輸出などの物販、コンサルティングやコンテンツホルダーなどさまざまです。プライベートカンパニーも、**妻社長のほか、夫社長バージョン、娘社長バージョン、独身バージョンなどいろいろです。**

ご自身と重ね合わせながら読んでいただければ、読み終わる頃には「自分にだって、絶対できる！」と確信いただけると思います。

妻社長メソッドがもたらす効能

◎「やりたいこと」で稼げる。

◎人生の生きがいが増える。

◎本業のパフォーマンスがあがる。

◎家計の支出が減る。

◎経費で旅行できる。

◎補助金をもらえる。

◎年金受取額を増やせる。

◎相続税がかからなくなる。

◎子どものお金教育にもなる。

◎夫婦仲が円満になる。

◎信頼できる仲間が増える。

◎人間関係の苦労が減る。

◎心身ともに健康になれる。

◎時間を好きなように使える。

◎どこにいても仕事ができる。

◎所得税や住民税、社会保険料が減る。

◎さまざまな手当が増える。

◎家族全員が幸せになれる。

◎自分の人生を取り戻せる。

もくじ――新版　いますぐ妻を社長にしなさい

序章

第1章

妻が社長をすればすぐ裕福になれる

収入が増えて、支出が激減する不思議
時間が増えて、人生が自分のものになる
自分一人で努力するより、家族と一緒に準備する
「お金のプロ」だって簡単に借金まみれになる
銀行員が体験した「お金のない生活」の恐怖
300万円の宝石を衝動買いできるような自由とは？
わが家を5年で富裕層へと導いた「ある発見」
「自分自身がお金持ちになる」という発想を捨てなさい
自分のためではなく、妻のために時間を使いなさい
世界一ノーリスク・ハイリターンな資産形成術
不死身で、税金も優遇される「選ばれた人」たちがいる
プライベートカンパニーは家族を守る魔法のマント
なぜ、お偉いさんは公費で海外旅行に行けるのか？
家にも車にも維持費がかからない究極の節約方法
自分の財産を税務署に取り上げられないために

3時間で誰でも簡単につくれる富裕層への特急券
いますぐ妻を社長にすることが幸せへの近道

第2章

妻ほど社長に向いている人はいない

第3章 妻の会社がうまくいく堅実なビジネス

第4章 妻と一緒に幸せを手に入れるために

夫婦二人で学ばなければ意味がない
どんなときも責任を取るのは常に夫であること
ウソとホントを見分ける目を養いなさい
家庭内トラブルを防ぐ「ミッション」と「人生の設計図」
経済的自由は「種銭」づくりから始まる
お金は「源泉徴収」の仕組みで貯めると効率がいい
ざっくり「見える化」するとお金が増えはじめる
生活水準を下げなくても節約できる方法
効果的な節約は〝風呂上がりのビール〟と同じ発想で行う
どうして利益があがらないほうがお金は増えるんだろう？
投資用に家を買う人、自分のために別荘を買う人
妻を説得できずに困っている人へ

第5章 ビジネスの見つけ方・はじめ方・伸ばし方

副業禁止に違反しない「副業ごっこ」から始めよう
確定申告が必要になったら「副業ごっこ」を卒業しよう
お勧めは物販ビジネス・賃貸ビジネス・情報ビジネスの３つ

10年以上続いているメソッドは本物
無名な人の有名なメソッドには再現性がある
お金の流れを見れば、本当のお客様が誰かわかる
アウトプットとフィードバックと応援の場があれば本物
メソッドが本物か否かは時間でも見分けられる
あらゆるビジネスの行き着く先は三方よしの情報ビジネス
コンテンツ×コンサルティング×集客×ブランディングを掛け算する
無名の個人は巨人の肩に乗りなさい
商品とコンテンツは自分でつくらずに仕入れなさい
認定講師になって教えることは、公務員でも副業にあたらない
セールスとは問題解決と願望実現を手伝うボランティア活動
公務員は副業を禁止されているわけではない
副業すると本業のパフォーマンスがあがり出世する
銀行員の副業事情とバレない立ち回り方
こうすれば、子どもが自立して稼げる大人に育つ
「やりたいこと」は、ふせんがあれば絶対見つかる
勤務先の従業員から、勤務先の業務パートナーに鞍替えする

第6章

収入減・税金増・物価高は妻社長メソッドで乗り切れる

資本家だけが優遇される令和を生き抜く、弱者の知恵

お金持ちが資本家になるのではなく、資本家がお金持ちになる

ばらまかれた補助金の受け皿になる妻社長メソッド

日本銀行からお金を借りれば、所得税はいらない

妻社長メソッドこそがマイナンバーカードへの切り札になる

万が一預金封鎖になっても、法人の口座だけは守られます

社会貢献とは、お金を使いながら稼ぐこと

稼げるライフワークが、大人の隠れ家になる

令和の新潮流は、妻社長メソッドからのトリプルキャリア

人生を楽しむ秘訣は、お金を使いながら稼ぐこと　お金の視点

孤独の解消策は誰かに貢献し続けること　孤独の視点

稼げるライフワークこそ健康長寿の秘訣　健康の視点

家族に負担がかからず、逆に喜ばれる　家族の視点

隠れ家に住み、旅しながら稼げるライフワークを楽しもう

ブックデザイン　山之口正和＋齋藤友貴（ＯＫＩＫＡＴＡ）
図版作成　富永三紗子
本文デザイン・ＤＴＰ　フォレスト出版編集部

序章

給料と年金が減り
税金と物価があがる
令和を生き抜く逆転の発想

自分がお金持ちになることをあきらめ、妻をお金持ちにする

本書を出版した2014年当時、私は三大メガバンクの1つであるM銀行に勤める現役の銀行員でした。仕事は、「お金のプロ」として、企業や個人を相手にコンサルティングや資産運用のアドバイスをすること。30年近くもの間、お金にまつわる数々の成功例や失敗例を見てきました。

そんな私が借金地獄に陥ったのは40歳を過ぎた頃のことです。

自分の知識や経験を過信するあまり、将来に備えて始めた株の信用取引とFXで数千万円の損失と借金を抱え、破産する一歩手前まで追い込まれました。

仕事では何食わぬ顔で、お客様に資金繰りや資産運用などのアドバイスをしていましたが、プライベートでは火の車です。限界まで家計を切り詰めた貧乏生活を送り、私がアドバイスをしてもらいたいくらいでした。

それが一転して、5年で借金を全額返済し、働かなくても死ぬまで悠々自適に暮らせるようになりました。やろうと思えば、ヨーロッパでもハワイでも、好きなときに好きなだけ滞在することができるでしょう。

なぜ、莫大な借金を抱え破産寸前だった私が、5年で経済的な自由を得ることができたのか？

それは、**自分がお金持ちになることをあきらめ、妻をお金持ちにすることに意識を切り替えたから**です。

節税とは、この世でもっとも効率のいい資産形成テクニック

具体的には、私がサラリーマンを続けながら、夫婦で会社——プライベートカンパニー——をつくり、それまで主婦をしていた妻に社長に就いてもらいました。

いわゆる「起業」といわれるような、ビジネスを興すことを主な目的に会社をつくったわけではありません。「プライベートカンパニー」という入れ物と「妻が社長をする」こ

とが必要だったのです。

プライベートカンパニーは3時間もあれば誰でもつくれます。あとは、それを妻が所有するだけ。

すると、**サラリーマンでは考えられないような節税が可能になります。**

「節税」とは、この世でもっとも効率のいい資産形成テクニックです。投資元本0円で、毎年数十万円から数百万円規模のお金が戻ってくる金融商品など、他には存在しません。これを利用している人と利用していない人の間には、生涯で数千万円から数億円もの差がつきます。

また、女性が持つあるスキルが会社を経営するうえでとても有利に働く、ということも見逃せません。

せっかくプライベートカンパニーをつくっても、ビジネスに失敗してしまっては裕福になるどころか、ますます貧乏になってしまいます。そこで、優れたスキルを持つ妻に社長をやってもらう、というわけです。本書を読むと、奥さんにパート勤めをしてもらうことが、いかにもったいないことなのかよくわかるでしょう。

詳しくは第1章以降でお話ししますが、こうした仕組みのおかげで、妻のもとにはどんどんお金が流れ込むようになり、あっという間に私たち夫婦は裕福になりました。

サラリーマンとしての安定を得ながら、裕福になる

先にお伝えしておきますが、サラリーマンは一生懸命に働くだけでは、けっして裕福になることができません。

それは、あなたの周りを見回してみればわかります。

努力を重ねて昇給した人はたくさんいるかもしれませんが、その結果としてお金持ちになれたサラリーマン、働かなくても悠々自適の生活を送れるサラリーマンは何人いるでしょうか？

一人でもいれば希望が持てますが、実際には一人もいないと思います。

じつはサラリーマンという職業は、構造的にお金持ちになれないような仕組みになっているのです。

だからといって、サラリーマンであるあなたに「起業しなさい」とは私には言えません。失敗したときのリスクが大きすぎます。独り身ならまだしも、家族がいればなおさらです。お金も大事ですが、家族がいる方は「安定」もなくてはならないでしょう。

では、サラリーマンとしての安定を得ながら、裕福になる方法はないのか？

1つだけ方法があります。


それが、いますぐ妻を社長にすることです。

30年近くも金融業界のど真ん中に身を置き、借金返済のためにあらゆる投資・資産形成を経験してきた私に言わせてもらうと、あなたが奥さんを裕福にすることは意外と簡単です。そして、奥さんが裕福になれば、あなたも裕福になれます。

語弊がないように言っておきますが、これはあなたが奥さんに養ってもらうということではありません。

本書でお伝えするのは、夫婦二人でお金持ちを目指す方法です。互いの幸せを願い、絆を深めながら、二人で行う資産形成術です。

もちろん、**この方法はサラリーマンでなくとも使えます。**また、独身男性でも独身女性でも、そして共働き夫婦でも可能です。本書の構成上、専業主婦の妻がいるサラリーマン男性を想定して書いていますが、実際はどなたにでも適用することができます。

お金があれば、心の平穏と幸せな家庭が手に入る

自分が「お金持ち」や「経済的に自由」になったときのことを想像できますか？

何でも買えるし、どこへでも行けるようになるのは間違いないのですが、それ以上に、夫婦の愛が深まり、家族との絆がいままで以上に強くなります。

お金がないと選択肢が少なくなってしまい、もめ事が増えます。反対に、お金があると争う必要がなくなり、お互いを思いやることができるようになります。

健康を犠牲にしたり、ストレスを溜めてまで節約する必要もなくなるし、十分な教育も子どもに与えられる。老後や失業したとき、病気になったときの心配もする必要がない。**お金がないという理由で家族につらい思いや惨めな思いをさせなくても済む**のです。

そもそもケンカやもめ事が起きる一番の原因は「お金」です。

考え方の違いや過去のいきさつもあるかもしれません。でもそれは、表向きの理由であって、根っこの一番深いところにあるのは「お金の問題」なのです。

もちろん、お金に余裕がなくても心清らかに、精神的にゆとりある生活を送ることはできるでしょう。

でも、そんな状態をずっと我慢しつづけられる修行僧のような人は少数派です。むしろ多くの方は、自分自身の生活が楽になって初めて、心の面でもゆとりが生まれるのではないでしょうか。

妻を社長にすることで、サラリーマンとしての安定した生活を送りながらも経済的な余裕を手に入れることができて、さらには心の平穏と幸せな家庭も手に入るのです。

お金持ちになれる人は一握りの幸運な人たちだけだ。

あなたと同じように、私もかつてはそう思い込んでいました。

しかし、それは勝手な思い込みです。本書を読んでいただければ、それがわかっていただけると思います。

国に取られた税金と社会保険料を効率的に取り返そう

ここまでの序章の前半は旧版の「はじめに」とほぼ同じ文章ですが、いまなお通用します。10年という歳月が、誰にでもできることを証明してくれました。

妻社長メソッドの柱の1つは節税です。法人（資本家）は節税できますが、個人（サラリーマン）は節税できません。そんな不公平な社会構造の「ゆがみ」を逆手に取るのが、妻社長メソッドです。「柔よく剛を制す」と同じ、発想の転換です。

第1章で解説しますが、課税所得が330万円超の人の実質的な税負担率は60％です。手取り400万円のサラリーマンは本来、1000万円の収入があったということ。給与明細に載らないので気づきません。

サラリーマンと好対照なのが資本家。資本家の実効税率は約20％なので、1000万円の収入があれば、手取りは約８００万円です。稼ぎが同じ１０００万円でも、資本家は８００万円、サラリーマンは４００万円ですから、２倍も差がつくのです。

サラリーマンから見れば理不尽ですが、資本主義社会とは資本家のための社会なので、社会の仕組みも法律も資本家に有利になっていて、簡単には変えられません。どうりで、「資本による富のほうが、労働による富よりも増える」というトマ・ピケティの不等式「r>g」が成り立つわけです。社会や法律を変えられない以上、自分が変わるしかない。どう変わるのか？　自分が資本家に変わればいいのです。

「資本家になれるのはお金持ちだけ」というのが常識なので、「自分にはムリ！」と思われるかもしれません。

でも、そんな常識は捨て去ってください。なぜなら、お金持ちが資本家になるのではなく、資本家がお金持ちになるからです。

そこで、「私はお金持ちではないから資本家になれない」ではなく、**「お金持ちになりたいから、妻と私は資本家になる」と発想を切り替えましょう。**妻社長メソッドを使えば誰でも、いますぐ資本家になれます。

人生100年時代にこそ、妻社長メソッドが本領を発揮する

妻社長メソッドが重宝するのは、サラリーマンのときだけではありません。退職するとき、年金を受け取るとき、遠い未来にこの世を去ったあとまで。効果は半永久的です。

この10年で世の中は様変わりしました。『LIFE SHIFT』が出版されて、100歳まで生きる前提で人生設計をしなければならないことに、誰もが気づきました。

その影響か、職を探す65歳以上の高齢者がこの10年で倍増し、今後さらに増えます。会社には65歳以降の雇用義務がないため、手に職がない高齢者は選り好みできません。

ところが、**65歳までに妻社長メソッドを始めた人には、その心配がありません。**それどころか、プライベートカンパニーが稼いでくれるので、年金を繰り下げても生活には困らないのです。

生まれ年が1960年代の人は65歳くらいから年金を受け取れます。70歳まで繰り下

げれば142%、75歳まで繰り下げれば184%に増えた年金をもらえます。妻社長メソッドには長生きの効能もあるので、健康状態と相談しながら年金を増やせます。

新型コロナで混乱するさなか年金法が再改正されました。生まれ年が1970年代なら70歳前後まで、1980年以降なら75歳前後まで、年金がもらえなくなる可能性も出てきました。でも、妻社長メソッドがあれば収入は途絶えません。

相続税も2015年に引き上げられました。これも、妻社長メソッドなら相続税がかからないので、関係ありません。

人生にシフトチェンジを起こし、夢が叶う妻社長メソッド

妻社長メソッドは、旧版ではサラリーマンの資産形成術という位置づけでした。それはいまも同じですが、セミリタイアしやすいことも実証されました。第一号は私で、本書出版の翌年にセミリタイアを実現。「やりたいこと」に専念する夢が叶いました。

私だけではありません。**収入が数倍になって独立する人、成功体験を本に書いて著者デビューする人が続出。人生にシフトチェンジを引き起こしたのです。**

私は起業独立や出版のコンサルタントではないので、何も教えていません。特に起業独立は、普通であれば家族から猛反対されます。ところがほとんどの人は、逆に家族に応援されています。妻社長メソッドとはそういうものなのです。

収入が増えて、支出が激減する不思議

会社を辞めると給料が途絶え、家計が苦しくなると思われるかもしれませんが逆です。自宅がオフィスを兼ねた社宅になり、家計からの支出が半分以下に減るからです。

仕事をするうえで必要な通信費や旅費などは経費にできるので、家計からの出費は食費と被服費くらいのもの。それくらいなら、私と妻がプライベートカンパニーから受け取る給料で十分です。高給取りになって税金を払う必要はありません。

プライベートカンパニーで稼げるので、トータル収入は減りません。所得税や住民税、社会保険料が減るので、手取りはむしろ増えました。税金が減ると児童手当などさまざまな給付金をもらえるし、幼稚園などの利用料も優遇され、支出はぐっと小さくなります。いいえ、逆に支出の一部が未来の収入の種になるので、お金を使えば使うほど収入が増えるのです。

コロナ禍という非常事態さえも味方につけました。**プライベートカンパニーは中小法人なので、1社あたり200万円の給付金を受け取れたのです。**個人への給付金が10万円だったことに比べれば、法人（資本家）がいかに優遇されているかがわかります。

時間が増えて、人生が自分のものになる

お金だけではありません。**時間が増えて、人生が自分のものになりました。**自分と家族のため、自分が正しいと信じることのために、時間を使えるようになったのです。

通勤がなくなったので、家族との時間が増えました。平日の混んでいない時間帯に遊びに行ける。妻と近所を散策しながら、季節の草花を楽しめる。ベランダで日向ぼっこしながら景色を楽しめる。お金の心配がなくなると、平凡な日常を楽しむゆとりが生まれます。私も妻も旅行好きなのですが、好きなときに好きな場所へと気ままな旅を楽しんでいます。

日常の小さな幸せから旅先でのワクワク体験に至るまで、最愛の家族と感動を共有しながら心を通わせる。その一瞬一瞬が、1万枚以上の写真に姿を変えて思い出と感動と一緒に保存され、眺めるたびに幸せな気持ちに浸れるのです。

サラリーマン時代の「やらされ仕事」と違い、正しいと信じる仕事しかやりません。「稼げるライフワーク」を仕事にするので、趣味を楽しみながらお金をもらうようなものです。お金の不安がない幸せを実感しながら、思い描いた夢を叶えるのです。

遠回りしましたが、やっと「自分の本当の人生」を取り戻せた気分です。

自分一人で努力するより、家族と一緒に準備する

セミリタイア後はともかく、現役時代は時間も足りないし、体力も続かないので、自分にはムリ、と思われた人もいるかもしれません。

だからこそ、自分一人で抱え込まずに、妻や子どもや親兄弟を巻き込むのです。分担すればきっとできます。一緒にやるので会話も増えて家族仲もよくなります。

妻社長メソッドはフレームワークなので、仕組み化されています。ＡＩも劇的な進化を遂げたので、文章や画像の生成などはＡＩに振れます。妻社長メソッドのフレームワーク上で、家族と協力しながらＡＩも活用すれば、できないことはありません。**大切なのは家族で一緒に準備することであって、自分一人で抱え込んで努力することではありません。**

まずは手始めに、これまで信じてきたお金の常識をすべて捨て去りましょう。

お金持ちへの道のりは、鎧のように身にまとった常識を捨て去って、非常識を受け入れることから始まるのです。

第1章

妻が社長をすれば
すぐ裕福になれる

「お金のプロ」だって簡単に借金まみれになる

借金地獄に陥って学んだことは、「知識だけではお金持ちになれない」ということでした。

もし、知識次第でお金持ちになれるのであれば、「お金のプロ」といわれる銀行員はみんなお金持ちになっているはずです。しかし、お金持ちの銀行員を私は見たことがありません。

むしろ、中途半端に金融商品やマーケットの知識に長《た》けている分だけ、銀行員は経済的に自由になれない宿命にある、といったほうがいいでしょう。

そんな銀行員を地で行ったような男。それが私でした。

当時の私は三大メガバンクのM銀行に勤める幹部行員で、「お金のプロ」のはしくれでした。30年近くにわたって、数百もの企業へのコンサルティング・財務指導・融資を手がけ、あまたの個人客に資産運用のアドバイスをしてきました。もちろん数多くの企業・個人の成功例や破綻事例も目の当たりにしていますし、税務や財務、宅建をはじめとして、銀行・証券・保険にまたがるあらゆる資格も持っています。

それなのに、私は経済的に自由になるどころか、金融知識とノウハウを総動員した結果、借金地獄に陥り、破産寸前にまで追い込まれてしまったのです。


忘れもしない、2004年頃。「いずれ日本の経済は破綻する、財政も破綻する、年金も破綻する」という報道が新聞やテレビをにぎわすようになりました。有名人が年金の掛金を支払っていなかったことも発覚し、芋づる式に政治家の年金未納が明るみに出る事態へと発展。社会保険庁（当時）のずさんな年金管理実態も次々と明らかになり、増えつづける国の財政赤字への不安は増すばかりでした。

評論家やコメンテーターも、追い討ちをかけるように繰り返し真顔で「破綻」を叫び続け、私は心底「まずい！」と震え上がりました。

あおられて怖《お》じ気《け》づいてしまった小心者の私は必死に逃げ道を探しました。

そんなとき、株で稼いでいた同僚の一人から、不動産関連株式への投資を勧められたのです。金融商品取引法の施行前でしたので、当時はまだ投資規制が緩かったのです。

たしかに、このまま普通に働くだけではラチがあきません。幸い、私は豊富な金融知識を持った銀行員です。まさに、日頃の財務分析や投資分析で鍛え上げた知識と経験を活かす絶好の機会です。自分にだって一財産築けるはずだ、と思ったのです。

こうして、株式投資に関する本やセミナーからむさぼるようにノウハウを吸収し、万全の態勢で勝負に打って出たのでした。


しかし、いま考えると本当に恐ろしいことをやっていました。

最初のうちは連戦連勝で、面白いように儲けが膨らみました。しかし、これは私だけに限ったことではなかったのです。この当時はマーケット全体が右肩上がりだったので、ずぶの素人でも簡単に株で儲けられた時期でした。

それなのに、私はこれを自分の実力だと勘違いしてしまいました。調子に乗り、もっと手っ取り早く儲けてやろうと、より大きな取引にまで手を出してしまったのです。

浮かれ気分は長くは続きません。なんと、2006年1月のライブドア・ショックをきっかけに新興株式市場がスルスルと値を下げ始めたのです。すっかり天狗になっていた私は、一時的な値下がりだと高をくくっていました。致命的な判断ミスです。

そこからは坂道を転がるように、信用取引の損失が拡大。順調に貯まりつづけていた私の貯金はあっという間に0になり、そこからさらにとんでもない額の借金へと膨れ上がっていったのです。

当時、私の目は完全に曇りきっていました。知識とノウハウを駆使すれば、株で大儲けできると思い込んでいたのです。その状態で、過去の市場データや専門家のコメント、新聞やテレビの報道だけを頼りに、無謀な財テクに走っていました。

「お金のプロ」と思われがちな銀行員ですが、実際はただのサラリーマン。劇的に資産を増やすノウハウを持っているわけでも、ましてや株の必勝法を知っているわけでもありません。**銀行員だって当然のように借金地獄に陥ることがある**のです。

銀行員が体験した「お金のない生活」の恐怖

こうして、安易な蓄財を決意してからわずか数年で、なけなしの財産どころか妻の持参金までも使い果たし、私は莫大な借金を抱える身に転落してしまいました。

親のために建てた家の借金返済にも行きづまり、親の年金を拝借して借金返済に回すという本末転倒なありさまです。親父は呆《あき》れ果てながらも、そんな私の行く末を案じ、失意のうちにこの世を去っていきました。

当然の報いですが、爪に火を点《とも》す節約生活が始まりました。

食料品は賞味期限ギリギリの見切り品専門激安店でしか買いません。野菜売り場のダンボール箱に捨ててあるキャベツの外側の葉っぱは無料でもらえます。1尾30円のサンマは何よりのごちそうでした。

身にまとうのはフリーマーケットで見つけた総額300円の服。歯磨き粉は、チューブを絞りきった後にハサミで切り開き、内側に残ったものを歯ブラシにこすり付けて完全に使いきっていました。

私は昔から見栄っ張りで、スーパーやデパ地下で試食したら、必ずその品を買っていたものでした。でも、当時の私にとってデパ地下での試食はお誕生日のごちそうのようなもの。ひと回りすると腹八分になるので、買う必要もありません。

恥ずかしげもなく試食する私の姿を見た妻は「人って、ここまで変われるものなんだ……」と、呆れながらも感心しきりでした。

しかし、何よりも衝撃的だったのは妻の変ぼうぶりでした。

私の妻のライフワークはファッションで、こぎれいな身だしなみが身上でした。その妻が、生活費を切り詰めたあげくにサンプル化粧品をかき集めて使い始めたときには、さしもの私も度肝を抜かれました。

荒れ放題の彼女の素肌を見る度に、自らの所業の罪深さを悔いるのでした。妻から離縁状を叩きつけられなかったのが不思議なくらいです。

こんな無様な姿は他人には見せられません。メガバンクの幹部行員という私の立場上、万が一会社にバレようものなら大変です。

まさに、身ぐるみはがされて全裸のままで真冬のシベリアに放り出されたような、寒々しい恐怖感でした。血も凍るようなあの感覚は一生忘れることはないでしょう。

300万円の宝石を衝動買いできるような自由とは？

しかし、それから5年で、私たちの生活は様変わりしました。

当時、私は妻に100万円の宝石を3つプレゼントしたのですが、そのすべてが衝動買いだったのです。

以前の私は、フリーマーケットで300円のシャツを吟味して、100円まで値切ったあげく買う決断ができなかった男です。その男が、5年後には、妻を喜ばせたい一心で宝石を衝動買いしてしまっている。

当時の極貧生活に懐かしさすら覚えてしまうほど、私たちの日常は平穏で、将来への夢と希望に満ち溢れています。隔世の感という言葉は、このことをいうのかもしれません。

これほどまでに私たちの生活が変化したのは、手許にたえず富が流れ込んでくるようになったからです。**我が家には毎年数千万円ものお金が流れ込み、保有資産も数億円にまで**

膨らんでいました。

万が一、勤務先からもらっている私の給料が途絶えたとしても、生活に困ることはありません。世の中がどんなに不況になっても、収入が細ることがないからです。

経済的に自由になったことで、私たちの生活は物理的にも精神的にも一変しました。

経済的に自由になると、数々の「制約」から解放されます。

私たち夫婦は旅行が大好きなので、毎月旅行に行っています。憧れのハワイに住む夢も叶いました。しかし、そのために普段の食費を抑えたり、ちょっとしたぜいたくを控えたりといったことは一切していません。

このように、経済的に自由になると、ストレスや負担を感じず、自分のやりたいことを心から楽しめるようになります。

また、多少ぜいたくな生活を続けたとしても、お金は勝手に増えつづけるのでファストフード感覚でお寿司屋さんに通えます。節約するために生活の質を下げる必要がないからです。

さらに、資金繰りや金策のようなストレス、病気や失業といった将来への不安などからも解放されるので、精神的にもゆとりが生まれます。精神的にゆとりが生まれると相手のことを思いやる余裕ができるので、夫婦ゲンカがなくなります。それどころか、いままで以上に相手のことを大切に感じられるようになり、お互いのために尽くしあうようになります。

ちなみに、私にとっての喜びは、元の化粧品を使えるようになって妻の素肌が若返り、愛らしい笑顔がよみがえったこと。

そして、何よりも妻が経済面で私から独立できたことです。今後、私の身に何が起きようとも、妻が生活に困ることはありませんし、保険に入る必要もなくなりました。

では、なぜたった5年間でこんなに劇的な変化を遂げることができたのでしょうか？

それは、どん底に突き落とされて「お金の正体」に気づくことができたからです。そして、そこから導き出した「妻を社長にする」という方法を実践したから。誰にでもマネできる秘訣を実践したから、にほかなりません。

わが家を5年で富裕層へと導いた「ある発見」

あなたは「お金の正体」って何だと思いますか?

日頃私たちが「お金」という言葉を使うとき、それは円とかドルのような「通貨」の意味で使っています。また、経済学では「価値の尺度」「交換の媒介」「価値の保蔵」という3つの機能を持ったモノのことを通貨と呼んでいます。

しかし、それらはあくまでも「通貨の機能」を説明しているだけであって、お金の本質とはまったく関係ありません。

そもそもお金とは、コインや紙幣のような「物」なんかでもありません。

結論からいうと、世の中の人々の感謝の気持ちやお詫びの気持ち、それがお金の正体です。社会に何らかの貢献をして、誰かを幸せにした結果として、あなたのもとに集まってくるものがお金なのです。

そして、通貨とは「感謝の気持ちやお詫びの気持ち」をわかりやすく「見える化」したものにすぎません。

このことは、日常生活を振り返ってみるとよくわかります。

たとえば、1万円の値段が付いているモノやサービスがあったとしましょう。そのモノやサービスを得ることであなたが喜びを感じて満足するのであれば、あなたは1万円を支払うはずです。

でも、そのモノやサービスを得ることで満足感が得られなければ、あなたは1万円を支払いません。

これを逆の立場から考えてみると、相手が満足したり、感謝してくれるようなモノやサービスを提供できたとき、初めて1万円をもらえるということになります。

つまり、こうしていただける1万円という通貨は、相手の感謝の気持ちが具体的な数字として「見える化」したものだということ。1万円という名の紙切れの上には、1万円という数字で表現された「感謝の気持ち」が乗っかっているというわけです。

このことに、私は貧乏生活のどん底で初めて気づきました。金融のノウハウを駆使したのに資産運用に失敗して、とんでもない借金を背負ったことがきっかけとなり、お金の本質について深く思いを巡らすことになったのです。

お金のプロを自認していたはずなのに、お金を増やすどころか借金を増やしてしまったのはなぜなのか？　そして、これからどうすればお金を増やして借金を返済することができるのだろうか？　私は何度も自分に対して質問しつづけました。

そして、はたと気づいたのです。

知識やノウハウをどんなに駆使して株を売買したとしても、世の中の誰も私に感謝してくれるわけではない。誰も私に対して感謝してくれないのだから、誰も私にお金を払おうなんて思うわけがない。つまり、お金とは感謝の気持ちを形にしたものだということ。

心の底からその事実に納得した結果、私の考えはガラリと変わり、すでにお話ししたように5年で生活が激変しました。

お金の本質が「感謝の気持ち」であるということに気づくと、お金が絡むあらゆることが手に取るようにわかります。本書のメインテーマでもある、サラリーマンが経済的に自由になる秘訣も、ここから生まれてきました。

すなわち、**お金の本質が見え始めると、「感謝の気持ちをたくさん生み出した人ほどお金持ちになれる」ということがわかる**ようになります。

自分の器（スキル・考え方・人望）を大きくしなければ、他人や世の中に大きく貢献することはできません。大きく貢献することができなければ大きく感謝されることもありません。感謝されない以上、感謝の気持ちとしてのお金は手に入りません。つまり、経済的に自由になることもできない。

このように、自分の器以上に稼ぐことが難しいのも、まさにお金本来の特徴なのです。万が一、自分の器以上の大金が転がり込んできたとしても、それは一時の偶然であって長続きすることはありません。いずれ器からこぼれ落ちて、分相応のレベルにまで減ってしまう、というわけです。

宝くじに当たった人が数年で元の資産レベルに戻ってしまうという話がいい例でしょう。私が破産寸前の借金生活に転落したことも、自然な成り行きだったわけです。

「自分自身がお金持ちになる」という発想を捨てなさい

自分の器以上に稼ぐことが難しいということは、裕福になるためには自分の器を大きくする必要があります。だからこそ、自己啓発の重要性が世間で説かれているわけです。各種スクールやセミナー、通信教育などの自己啓発ビジネスの市場が世界中で巨大化していて、いまなお膨らみつづけている理由がここにあります。

しかし、**どんなに自己啓発に励んでも、サラリーマンはけっして経済的に自由にはなれません。**あなたの周りにも経済的に自由なサラリーマンはいないはずです。もしいたとしても、それは親が大金持ちであるか、こっそりと副業に勤しんで経済的に自由になっているのであって、サラリーマンとしての給料だけで経済的に自由になったわけではありません。

そもそも、これまでサラリーマンがお金持ちになれなかった原因は、「一生懸命働いて、自分の収入を増やす」ことにしか関心を持たなかったからです。金儲けを指南する本や教材も、ことごとく「自分自身がお金持ちになる」ことを前提としていました。

しかし、そうやって自分自身がお金持ちになることを目指しても、必ず限界がきます。その限界を私は「4つの壁」と呼んでいます。

詳しくは第2章で説明しますが、4つの壁とは、節税したくてもできない「税制の壁」、努力が昇給に反映されない「給与体系の壁」、副業を禁止する「就業規則の壁」、そして転職しても給与が上がらない「転職市場の壁」のことです。

お金持ちになることを目指してスキルを必死に磨き、死にもの狂いで働いても、すぐにこの4つの壁があなたの前に立ちはだかります。

つまり、あなたが裕福になれないのは、努力が足りないわけでも、仕事で成果が出ないからでも、ましてや不景気だからでもなく、これら4つの壁に邪魔をされているから。

この4つの壁だけは、どんなに幸運なことが起きようとも、けっして崩れることはありません。

では、どうしたらいいのか?

そこで、まずは「自分自身がお金持ちになる」という発想を捨てましょう。
本気で**経済的自由を手に入れたければ、「スキルを必死に磨いて、死にもの狂いで働きつづけ、自分自身がお金持ちになる」という発想を一切がっさい捨ててください。**

自分のためではなく、妻のために時間を使いなさい

「自分自身がお金持ちになる」という発想を捨て去ることができましたか？

そうしたら代わりに、「妻をお金持ちにする！」と決心してください。

サラリーマンがお金持ちになることは不可能ですが、じつは夫が妻をお金持ちにすることは意外と簡単です。

それは、彼女たちに4つの壁がないからです。会社勤めをしていない主婦には、「税制の壁」も「給与体系の壁」も「就業規則の壁」、そして「転職市場の壁」も関係がありま

せん。
そのため、妻の器は際限なく大きくすることができます。器が大きくなればなるほど、社会に対して大きく貢献でき、貢献すればするほど感謝の気持ちが大きくなるので、お金もたくさん入ってくる。

だから、まずは、妻の器を大きくすることに集中しましょう。そして、二人で一緒に成長しながら社会に貢献し、妻の器にお金が流れ込む仕組みをつくり上げるのです。
一方で、あなた自身の器を大きくすることは後まわしにしましょう。せいぜい4つの壁にぶつかって壊れない程度に抑えておく。むしろそれよりも、あなたの妻が器を大きくするのを手伝うこと。その一点に集中するのです。

ただし、「妻をお金持ちにする」とは、あなたが一生懸命に働いて、稼いだお金を奥さんにあげるということではありません。**「妻が自分の収益源を手に入れる」という意味**だと思ってください。

この発想こそが、「サラリーマン」という安定を手放さずにお金持ちになるために必要なのです。

世界一ノーリスク・ハイリターンな資産形成術

すでに説明したように、妻には「4つの壁」がありません。どれか1つないだけでも格段にお金持ちに近づけるのですが、なかでも「税制の壁」がないために受けられる恩恵はすさまじいです。

この「税制の壁」がないことで、私たちサラリーマンからすると「ありえない！」と言いたくなるような驚異的な節税ができてしまいます。

節税とお金持ちになることに関係なんかあるのか？

大ありです。

あなたは、定期預金を複利で運用すると雪だるま式に金利が膨らむという「複利マジック」をご存じでしょうか。

天才物理学者・アインシュタインが「複利は人類史上最大の発見だ」と言ったという話もあるほど強力な仕組みなのですが、じつは「節税」とは、その複利マジックよりもさらに強力な資産形成テクニックなのです。

お金のプロとして言わせていただくと、「節税」は世界で一番ノーリスク・ハイリターンな資産形成テクニックです。それゆえ、冒頭でお話ししたように、誰でも「確実にお金持ちになれる」のです。事実、私たち夫婦が5年で借金を返済し、働かなくても生きていけるくらいの資産を手に入れることができたのは「節税」のおかげです。

ここで、「妻をお金持ちにする＝妻が自分の収益源を手に入れる」という話を思い出してください。

仮に、あなたがどんなにがんばって働いても、その所得に対しては超過累進課税が襲いかかってきます。超過累進課税とは、収入が大きくなればなるほど税率も高くなるという罰ゲームのような税制です。

いうまでもなく、あなたが勤務先からもらう給料以外の個人所得を増やしてしまうと、勤務先からの給料と合算で課税されてしまいますから、所得の合計額に比例して税額も膨らんでいきます。

たとえば、あなたの課税所得が500万円だとすると20%の所得税がかかるので、給料以外の収入にもそれと同じく20%の税金がかかります。

おまけに、給料以外の収入が仮に500万円だったとしたら、所得が合計で1000万円になりますので、税率も跳ね上がって33%もの所得税がかけられてしまうのです（わかりやすいように所得控除などは含めないで考えます。以下同様です）。

もちろん、あなた自身の収入を増やすためには、収入源が給料500万円だけの状態よりも、給料以外の収入源もあったほうがいいに決まっています。

したがって、「あなた個人がお金持ちになる」ことだけにフォーカスするのであれば、収入源と収入額を増やすことは最適の選択といえます。

でも、「夫婦でお金持ちになる」ことに焦点を合わせてみると、あなたの収入源と収入額を増やすことは必ずしも最適の選択とはいえなくなります。

たとえば、あなたの代わりに奥さんにその収入源を持ってもらい、奥さんのビジネスとして収益をあげるようにすれば、それはあくまでも奥さんの所得となります。

先ほどと同じパターンで考えると、あなたの年収が1000万円であれば33％の所得税がかかりますが、給料以外の所得500万円を妻の所得にできるのなら、妻に対して20％の所得税がかかるだけで済んでしまいます。

妻に収入源を持ってもらえば「夫婦合算の税額」は500万円×20％＋500万円×20％＝200万円となりますが、「すべてを夫個人の収入とする」場合には、1000万円×33％＝330万円の課税額となりますから、**所得税だけで年間130万円も違ってくる**のです（61ページ参照）。

ということで、お金持ちになりたいのであればあなたの収入は勤務先からの給料だけにとどめておいて、別の独立した収入源は奥さんに持ってもらいましょう。

裕福になる第一歩はそこから始まります。

収入を分散すべき理由

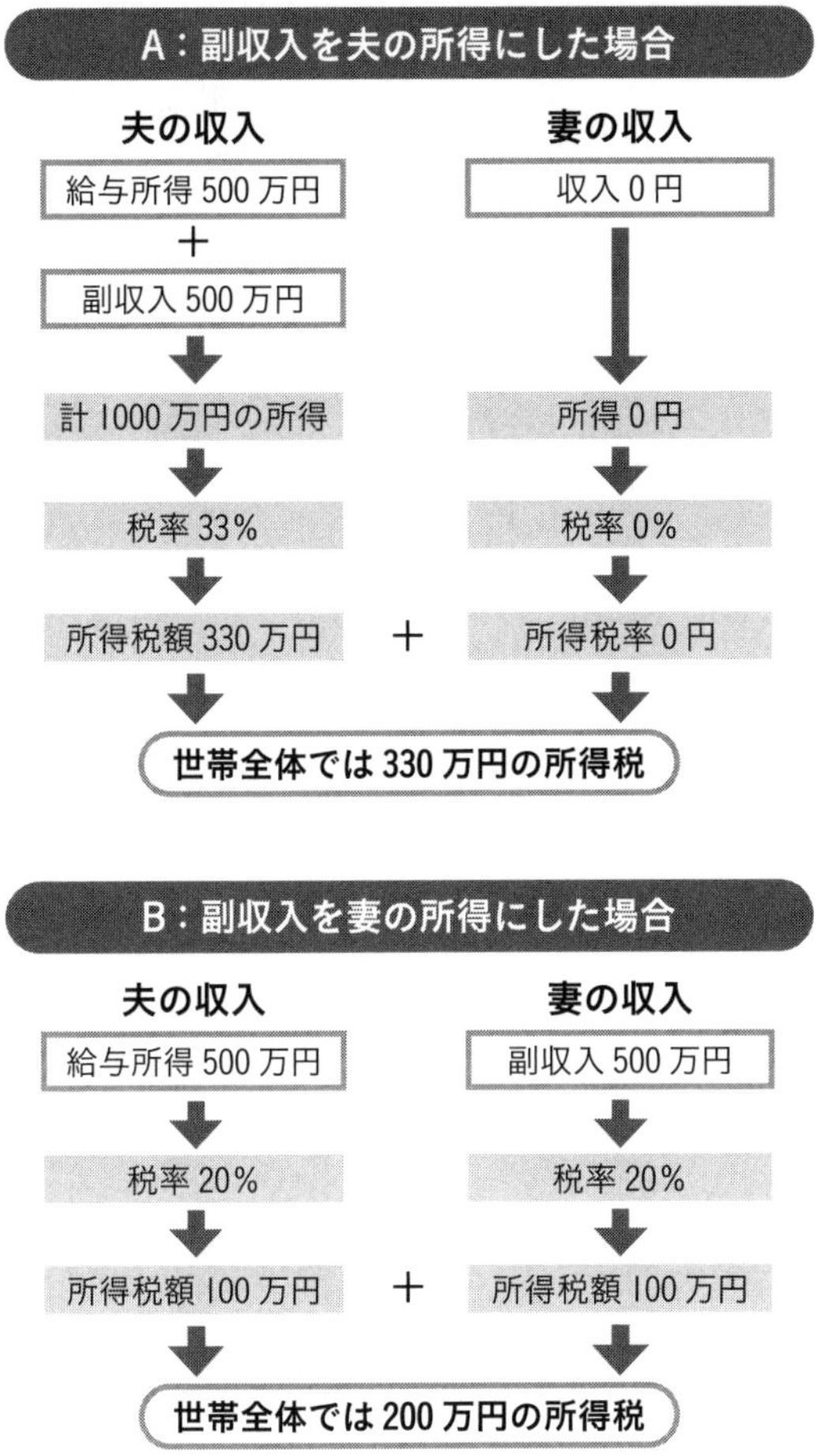

AとBで所得税が130万円も違う！

不死身で、税金も優遇される「選ばれた人」たちがいる

「人」には2種類の人がいるのを、あなたはご存じですか？

生身の人間には男と女がいますが、もっと大きなくくりで考えると、私たち人間の他にじつはもう1種類の「人」がいるのです。その人たちは、「生身の体」を持たない不死の存在です。しかも、税制面では私たちよりはるかに優遇されている特権階級の人たちです。

そんな特別な人たちのことを、私たちは「法人」と呼んでいます。

法人には目に見える「体」がありません。たとえていうならアバターと同じようなものです。アバターとは、インターネット上のコミュニティーのルールに従って動く「あなたの分身」ですが、法人は実社会のルールに沿って活躍してくれるアバターなのです。

アバターをつくるのは簡単ですが、インターネットの普及と「合同会社」の登場により、法人も簡単につくれるようになりました。

日本国内には、株式会社のような営利法人が約178万社あります。営利法人の99％が中小企業で、その大半が小規模企業です。近所にある○○商店という小さなお店の多くは、こうした小規模の法人です。

法人と聞いて私たちがイメージするような大企業は1％もありません。

こうした法人という人たちが、なぜ特権階級なのか？

強烈なのはここからです。

たとえば課税所得330万円超のサラリーマンは、所得税20％＋住民税10％＋社会保険30％＝60％を負担しています。社会保険料を15％ずつ労使折半する建前で給料を逆算するので、実質税率は45％ではなく60％です。給与明細に載らないので気づきません。

財務省によると2020～2023年の潜在的国民負担率（税金＋社会保険料）の平均値は6割弱でしたが、なるほど、つじつまが合います。

ところが、法人はサラリーマンのような厳しい税金を払わなくてもいいのです。なぜなら、企業の大半を占める中小法人では実効税率が約20％にしかならないからです。

しかも、日本の法人の3分の2は赤字ですから、7万円の住民税しか支払っていないということになります。（65ページ参照）。

それなのに、消費税は引き上げられて、それとは逆に法人税はさらに優遇されていってしまう。理不尽にもほどがあります。

では、私たちサラリーマンはこれからも永遠に酷税に耐えつづけなければならないのでしょうか？

じつは、秘策があります。

それは、「プライベートカンパニー」の活用です。

プライベートカンパニーとは、私たち個人が身にまとえる「魔法のマント」のようなものです。一家に1枚あるだけで、家族全員がその魔法の恩恵を受けることができるスグレモノです。

なぜならば、プライベートカンパニーを羽織るだけで、家族全員が「法人」という特権

手元に残るお金のイメージ

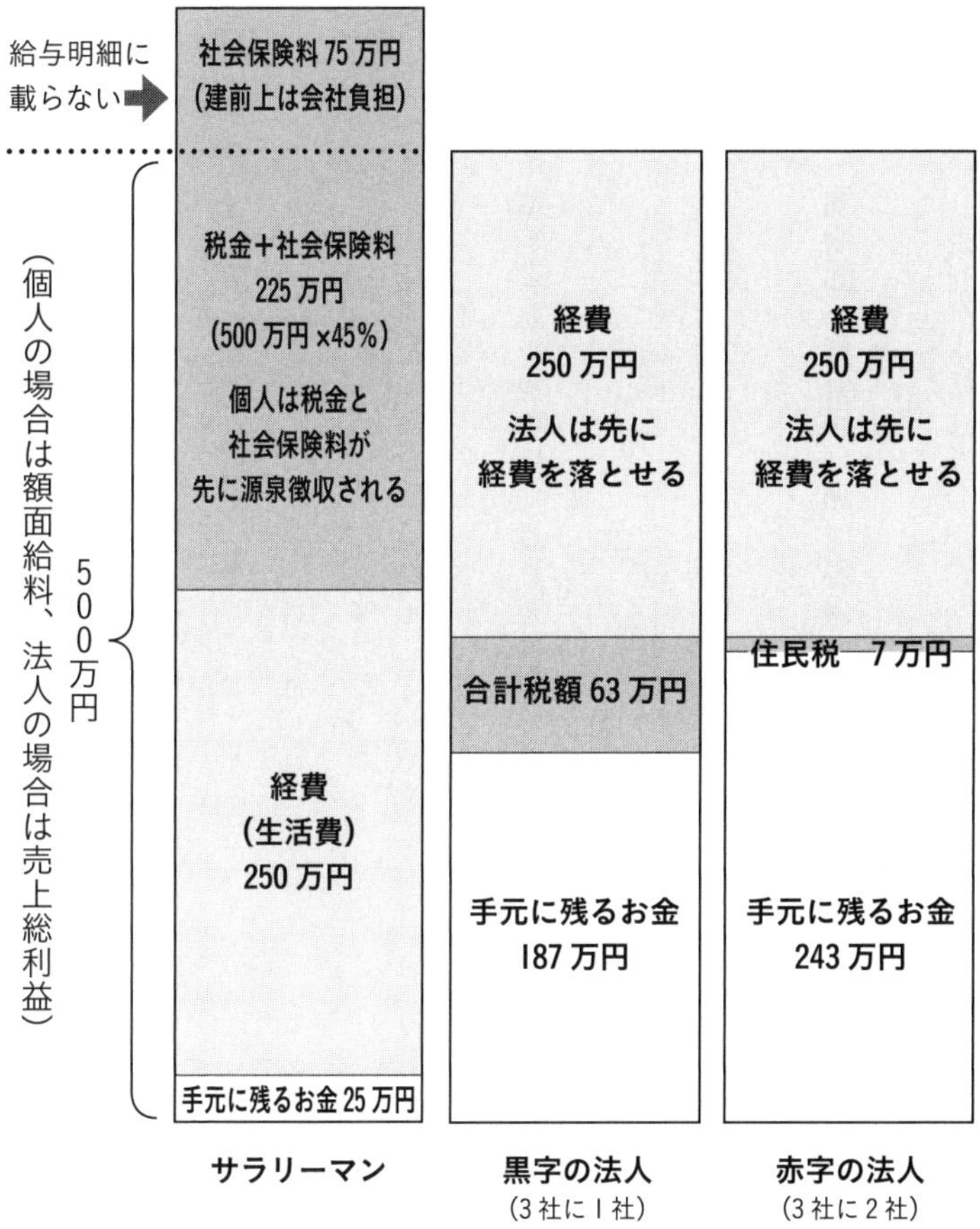

＊この図は、控除等を含めないざっくりとしたイメージです。

階級に昇格してしまうからです。

プライベートカンパニーは家族を守る魔法のマント

プライベートカンパニーという名の「魔法のマント」が1枚あれば、まるで魔法使いになったように、いままでできなかったあらゆることができるようになります。

プライベートカンパニーとは自分法人、つまりあなた専用の法人です。

法人が税制面で圧倒的に低い税率になることについてはお話ししましたが、メリットはそれだけではありません。

プライベートカンパニーを羽織るだけで取引上の信用力が上がって、ビジネスをするうえで有利になります。しかも、銀行からの融資も受けやすくなって資金繰り面でも安定性が増します。

つまり、**税制面・信用面・資金繰り面で優遇される最強のアバター**です。

しかも、法人というアバターには寿命がありません。プライベートカンパニーにつける社名も、掲げた理念も、プライベートカンパニーが保有する財産も、すべてを子々孫々と引き継いでいくことができます。

「魔法のマント」の他に「方舟」の役割も果たしてくれるというわけです。こんな便利なものを使わない手はありません。

夫婦の収入を夫だけに偏らせるのではなく、妻にも収入源を持ってもらい、妻に経済的に独立してもらったほうが税制面でも圧倒的に有利でした。ところが、それよりももっと効率的に節税する方法が、このプライベートカンパニーを活用する手法なのです。

プライベートカンパニーをつくってしまえば、夫と妻とプライベートカンパニーとの三者間でバランスよく所得の分散ができるので、節税効果もグレードアップします。

中小法人は税率が低いというお話をしましたが、メリットはまだまだあります。青色申告を始めとするいくつかの制度を利用するだけで、さらに税金が安くなる仕組みになっているのです。

税制は毎年変化していきますが、零細企業向けの優遇税制については、社会的弱者保護と雇用の維持という社会政策的な意味合いが強いので、撤廃されることはまず考えられません。

なぜ、お偉いさんは公費で海外旅行に行けるのか？

税金を安く済ませることができる場所のことをタックスヘイブン（租税回避地）と呼びます。イギリス領「マン島」やカリブ海に浮かぶ「ケイマン諸島」が有名です。パナマ文書で有名になったパナマや、バイデン大統領のお膝元のデラウェア州もタックスヘイブンです。

節税するにはぜひとも利用したいところですが、いずれも日本からだいぶ距離がありますし、手続きがとても複雑です。

ところが、そんなに遠くまで行かなくても、プライベートカンパニーを活用して経費として使うだけで、日本にいながらにしてタックスヘイブンを利用するのと同じような効果が得られます。

自営業のような個人事業主の場合、客観的に仕事の収益に直接つながるなら経費となります（所得税法37条）。とはいえ、事業領域と生活領域とを明確に線引きするのはムリな相談です。領域が互いにオーバーラップしているからです。

そこで、両方にまたがった出費については、実際のウエートに比例してコストを配分しています。そのため、個人事業主はサラリーマンよりもはるかに節税できます。

しかし、プライベートカンパニーを羽織るだけで、個人事業主よりもっとすごい節税ができるようになるのです。

少し視点を変えるだけで、少なくとも**個人事業主と同じようにさまざまな出費をプライベートカンパニーのビジネス費用として経費扱いにできる**ことに気づきます（70ページ参照）。

たとえば、交通費は出張旅費として費用扱いにできるので、その分の税金を減らすことができるようになります。そのついでに近くの温泉や観光地に寄り道できれば、行楽費用を経費で賄うことも可能です。お偉いさんは、視察や研修と称して公費で物見遊山されているそうですが、それと同じです。

その他、自宅家賃・通信費・光熱費、ランチミーティングなどのうち、会社経営に直接必要なものであればすべて、経費にして節税することができるようになります。

家計と経費の負担領域

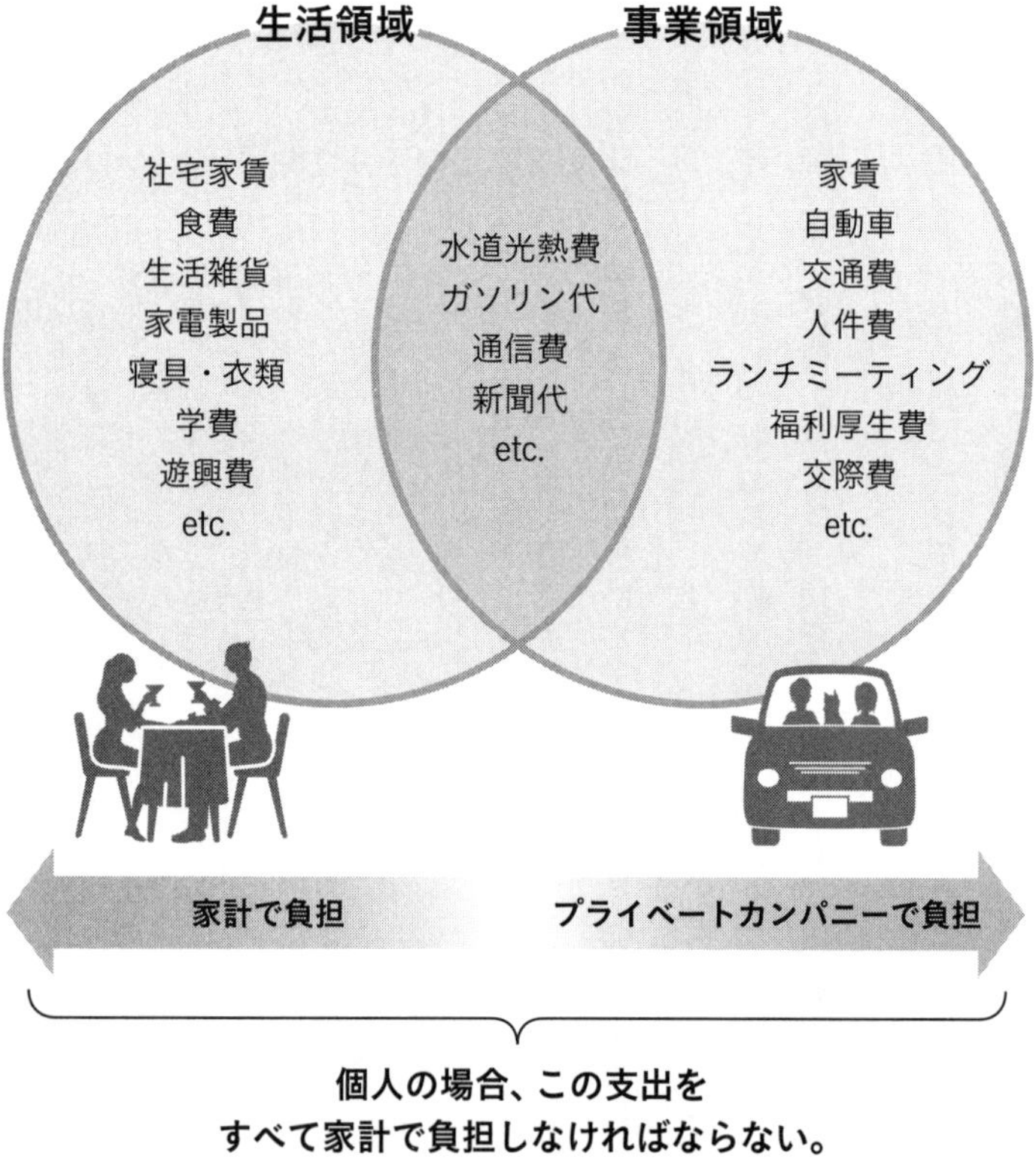
生活領域
事業領域
社宅家賃
食費
生活雑貨
家電製品
寝具・衣類
学費
遊興費
etc.
水道光熱費
ガソリン代
通信費
新聞代
etc.
家賃
自動車
交通費
人件費
ランチミーティング
福利厚生費
交際費
etc.
家計で負担
プライベートカンパニーで負担
個人の場合、この支出を
すべて家計で負担しなければならない。

結果的に、こうした経費を差し引いた後の「残りのわずかな所得」に対してしか税金がかからなくなるのです。

たとえば、売上高が300万円規模のビジネスだとしたら、経費を差し引くことによって、課税される所得がほとんどなくなってしまいます。つまり、所得税がかからないのです。

それと同時に、いままで夫の給料から負担してきた家計の支出の一部をプライベートカンパニーが経費として肩代わりしてくれますし、身内への給料は実際には手許に残るお金ですから、お金自体はハイペースで貯まっていく、というわけです。

もちろん、度が過ぎてはいけませんし、どのような業務目的で支出したのかを説明できるものを残さなければなりません。私たちサラリーマンは正直な小市民です。ですから、分相応に、正直に経費扱いにしていきましょう。

ただし、「自分たちの貢献に対する世の中の感謝の気持ち」のなかから出すのですから、経費扱いすることに後ろめたさを感じる必要はありません。

個人事業主は、このようにサラリーマンでは考えられない節税ができますが、プライベートカンパニーの足元にも及びません。

たとえば、個人事業では赤字を3年しか繰り越せませんが、法人では10年繰り越せるので、将来の黒字と相殺して税額を減らせます。

個人の所得税には超過累進税率が適用されて収入が増えるほどに税率が引き上げられますが、法人税率は収入額にかかわらず税率が一定の比例税率です。慰安旅行も福利厚生規則でうたえば経費にできます。

その他にも、出張手当や社長への給料は個人事業では支払えないがプライベートカンパニーでは支払えるなど、税金面でのメリットが山ほどあるのです。

しかも、取引先からの信用力や銀行からの借り入れのしやすさもグンと上がります。

このように、個人事業をプライベートカンパニーにすることで、経営の自由度が飛躍的に高まるというメリットが生まれます。

会社の形をとらない個人事業者数は旧版出版当時で約243万件と法人より多かった

のに、10年経ったいまでは161万件に激減して法人数を大幅に下回りました。おそらく、プライベートカンパニーのような法人にしておくほうが、ずっとスマートに節税できることに、多くの人が気づいたからだと思います。

家にも車にも維持費がかからない究極の節約方法

プライベートカンパニーに資産が貯まってきたら、念願のマイホームをプライベートカンパニーで持つこともできます。

どういうことかというと、プライベートカンパニー名義で家を買って、社員となっている家族の誰かに対して社宅として激安家賃で賃貸するという裏ワザが使えるようになるのです。

たとえば、5000万円の豪邸があったとしましょう。この家を借りる場合、普通であれば月額30万円以上の家賃になるはずです。

ところが、これをプライベートカンパニーが社宅として買って、それを家族が社宅として借りるとすると、家賃を約10万円にしても税法上は大丈夫なのです。つまり、**家賃30万円の家を10万円で借りられる**のです。しかも、維持費はすべてプライベートカンパニーが負担してくれます。

一方で、建物代金を毎年少しずつ費用扱いにしたり（減価償却費）、借入利息を費用扱いにしたりできますので、プライベートカンパニーにとっては大きな経費となります。結果的にプライベートカンパニーの儲けとチャラになって、税金が大幅に減らせることになるのです。

もし、個人名義で買ったとしたら、ここまで徹底した節税をすることはムリでしょう。住宅ローン減税のような、みみっちい子どもだましとはわけが違います。

とはいえ、経営が軌道に乗っていない初期段階で、社宅購入資金を銀行が貸してくれるわけがありません。

そこで、プライベートカンパニーに社宅用のマンションなどを借りてもらって、それを家族に社宅として賃貸するという裏ワザを使いましょう。

この場合、社宅の賃借料としてプライベートカンパニーに支払う家賃を、プライベートカンパニーが家主から借りる際の家賃の半額に設定します。

たとえば、賃料20万円の物件をプライベートカンパニーが社宅用に借りた場合、プライベートカンパニーに対して社宅費として毎月10万円を支払えばよいのです（76ページ参照）。

結果的に、プライベートカンパニーから見ると年間120万円の赤字要因となりますので、その分の所得が減って、節税することが可能になります。

その一方で、家計費からの家賃出費は年間120万円も減るので、その分のお金が手許に残るというわけです。まさに一石二鳥です。

自家用車についても、必要であればプライベートカンパニーに買ってもらいましょう。購入時の諸経費やガソリン代、保険料といった維持費もプライベートカンパニーの経費として落とすことができます。

自動車の耐用年数は6年ですから、たとえば300万円の新車を買ったとすれば、毎年50万円を費用扱いにできます。つまり、税金がかかる所得を毎年50万円ずつ減らすことができるのです。

住宅費を節約するウラ技

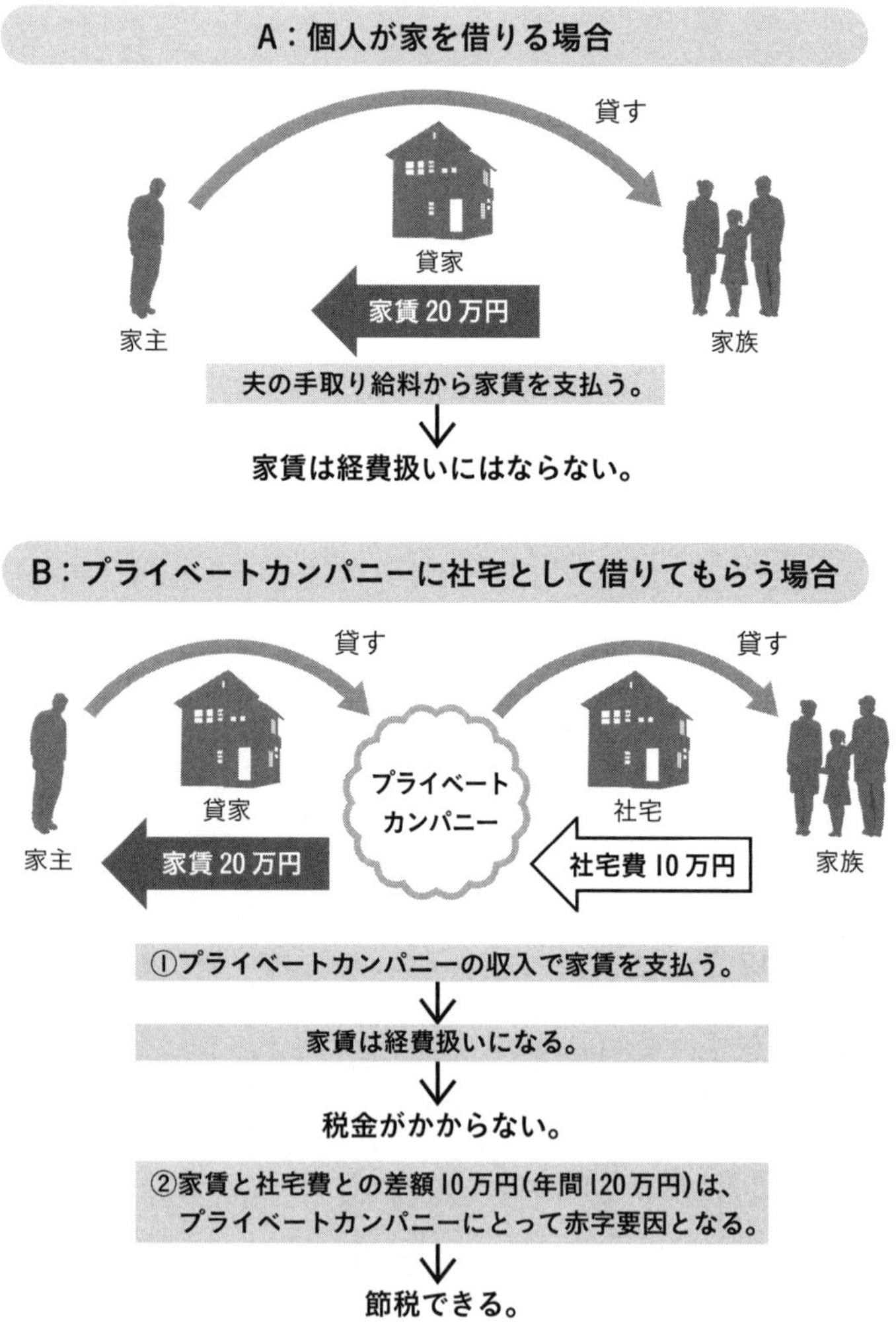
A：個人が家を借りる場合
貸す
貸家
家賃20万円
家主
家族
夫の手取り給料から家賃を支払う。
家賃は経費扱いにはならない。
B：プライベートカンパニーに社宅として借りてもらう場合
貸す
貸す
貸家
プライベートカンパニー
社宅
家主
家賃20万円
社宅費10万円
家族
①プライベートカンパニーの収入で家賃を支払う。
家賃は経費扱いになる。
税金がかからない。
②家賃と社宅費との差額10万円（年間120万円）は、プライベートカンパニーにとって赤字要因となる。
節税できる。

4年落ちの中古車であれば購入時に支払った代金を2年で費用扱いにできてしまうので、さらに効果的に節税ができます。

もちろん、プライベートカンパニーの車なので、業務用の目的で使うことになりますが、仕事のついでに買い物をするレベルであればとがめられることもないでしょう。福利厚生の一環として、ドライブや旅行に使っても問題ありません。

自分の財産を税務署に取り上げられないために

プライベートカンパニーは、手許に残るお金を「増やす」だけでなく、それを「守り抜く」ためにも使えます。先ほどの社宅や車が典型例です。

家族の資産を個人個人で持つのではなく、できるだけプライベートカンパニーに買ってもらって、プライベートカンパニーに持ってもらう。これが、税法上もっとも優遇を受けられる、資産の取得・保有方法です。

長い目で見て、子どもや孫に財産を引き継ぐ際にも、プライベートカンパニーは威力を発揮します。

具体的には、**プライベートカンパニーの出資者に子どもや孫を加える**という方法を使います。

たとえば、資本金200万円のプライベートカンパニーをつくる場合に、夫が4分の1に相当する50万円、妻も50万円、子どもが2分の1に相当する100万円出資したと仮定しましょう。

ちなみに、子どもの出資分については、110万円以下であれば、贈与しても課税されません。

ただし、贈与というのは贈与契約というお互いの合意に基づいた契約です。そのため、受け取る側の子どもが中学生以上でないと、意思能力がないと税務署が判断するため、110万円以下でも税金がかかります。さっぱりわけがわかりませんが、長いものには素直に巻かれましょう（笑）。

なお、税務上は証拠がすべてですので、贈与契約を交わして実際に贈与した金額が証明できる証拠を必ず残しておいてください。

その後、プライベートカンパニーのビジネスが毎年利益をあげていくことで会社の価値が大きく膨らみ、相続が発生する頃には1億円の価値になっている、と仮定してみましょう。

そのうちの**2分の1は子どもの持ち分ですから、相続税がかかる対象資産は両親の持ち分の5000万円分で済んでしまいます。一歩進めて、最初から子どもの持ち分を100%にしておけば、相続税はかからない**ことになるのです。しかも、プライベートカンパニーで所有している社宅や車もすべて子どもの持ち物になります。

その他、日常生活のなかでプライベートカンパニーに接することを通じて、お金について学ぶきっかけを子どもにつくってあげることができるようにもなるでしょう。

幸いにも、「合同会社」というプライベートカンパニーにうってつけの法人があります。設立費用はマイカーを買うよりもずっとお手ごろ価格ですし、維持費もマイカーほどは高くありません。

しかも、合同会社であれば会社分割することができますので、相続人の人数に合わせて、臨機応変に対策を立てることもできます。

夫婦二人でつくったプライベートカンパニーは、家族の財産と未来を乗せる方舟です。大切なモノをすべてこの方舟に乗せてしまうことで、家族の財産は世間の荒波から守られて、着実に価値を高めていけるでしょう。

3時間で誰でも簡単につくれる富裕層への特急券

プライベートカンパニーをつくるというと大袈裟に聞こえますが、実際にはたいしたことはありません。行政書士に依頼してもいいし、自分でも簡単にできてしまいます。自分で合同会社をつくる場合には7万円以下でつくれます。軽自動車を購入する際の諸経費の半額ちょっとです。

「会社設立ひとりでできるもん」をはじめとする**ネットのサービスを使えば、正味3時間でプライベートカンパニーができあがってしまいます。**

設立時に1つだけ気をつけてほしいのは、資本金です。**特別の事情がなければ1000万円未満にしてください。なぜかというと、税金が圧倒的に有利だから**です。

銀行借入が必要な大家業の場合であっても、200～300万円あれば十分です。銀行借入が不要なビジネスなら、1円でも構いません。

設立手続きが完了したら、諸々の書類を税務署などに提出します。これらもすべて、ネットサービスのテンプレートを借用するだけなので、1時間もかかりません。提出期限が一番短い書類に合わせて、法人設立後1カ月以内に提出しましょう。

プライベートカンパニーをつくった後には決算作業が毎年必要になりますが、これについてもいまは、無料や格安のネットサービスがたくさんあるので簡単です。

お金の出入りを1冊の通帳に集めておいて、通帳に記載された内容をそのままアプリに入力すれば、決算書と確定申告書も半自動的にできあがります。

法人住民税の均等割という税金が毎年7万円かかりますが、それをはるかに上回る節税が図れて、たくさんのお金が手許に残りますので安いものです。

何はともあれ、マイホームやマイカーを買う前にプライベートカンパニーをつくったほうが、家計の役に立ってくれます。そのほうが、トータルでの支出は格段に少なくなるからです。そうすればいずれ、プライベートカンパニーがマイホームやマイカーを買ってくれる日がやってきますよ。

いますぐ妻を社長にすることが幸せへの近道

繰り返しますが、妻をお金持ちにする以外に私たちサラリーマンが裕福になる方法はありません。夫の稼ぎを増やすことに集中しても成果は限られているからです。

それよりも、夫婦で一緒に学んで一緒に成長しながら、妻の器を大きくし、妻の手許にお金が流れ込むように専念すること。これこそが、サラリーマン家庭が裕福になる唯一の方法なのです。

では、それと「プライベートカンパニー」がどう関係しているのか？

ここまで読んでくださったあなたは、もうおわかりですね。

妻をプライベートカンパニーの社長にすればよいのです。

夫婦の将来のために、資産をプライベートカンパニーに集約しましょうというお話をしましたが、妻をそのプライベートカンパニーの社長にするのです。

当然のことながら、妻を社長に仰いだプライベートカンパニーには4つの壁がありません。しかも、日本で一番低い税率が適用されるようになります。さらに、サラリーマンには認められていない経費も認められるようになるので、究極の節税を実現することができます。

私たちが実際に体験した節税メリットは驚異的でした。

1つ1つの経費は些細《ささい》なのですが、「チリも積もれば山となる」とはよく言ったもので、1年後に決算してみると、税法上の儲け（所得）は意外と少なくなるのです。

それなのに、手許に残る資産は毎年増えていくので、決算の度に何だか魔法の世界に来てしまったような錯覚に陥ってしまうのでした。まさに「魔法のマント」の本領発揮です。

こうして、借金地獄で破産寸前まで追い込まれた私は、**たった5年で、働かなくても一生楽しく暮らせるようになりました。**

破産しかけた頃の私には、まさかこんな未来が待っているとは想像もできませんでした。当時は「なんでこんな目にあうのだろう……」と嘆いてばかりいましたが、いま振り返ってみると、あのとき本当のどん底を体験したからこそ、いまの自分があるのだと思います。

第2章

妻ほど社長に向いている人はいない

日本はFーマシンで買い物に行くような人たちばかり

借金地獄に陥ったとき、私は「自分自身がお金持ちになる」という発想を捨て去りました。

代わりにプライベートカンパニーをつくり、妻に社長になってもらいました。すると、妻は経済的に自由になり、妻のプライベートカンパニーが費用分担してくれたおかげで、私の給料からの出費も激減しました。

その結果、私が抱えていた借金も嘘のように消えてなくなり、私も経済的に自由になりました。

すべて妻のおかげです。

借金に苦しんでいたときに支えてくれたのは妻でした。

いま現在、私の人生が物心ともに豊かなのも妻がいるからです。

妻の存在が大きいことを日々実感しています。

ところで、なぜ私は妻に社長業をお願いしたのか。

それは、意外に思うかもしれませんが、**妻が最強のビジネススキルの持ち主**だからです。

そのスキルとは、「主婦力」のこと。

家庭の主婦が自然と身につけている能力を総称して、私は勝手にそう呼んでいます。

思いつくままに列挙してみると、細やかな気配りやコミュニケーション能力、エコマインド、忍耐力、包容力などポンポン飛び出してきます。


世間では、こうした「主婦力」は、専ら家事を中心に活かされています。しかし、最強のビジネススキルを家事にしか活かさないなんて、ホントにもったいない話です。F1マシンを買い物用にしか使わないのと同じくらいもったいないことだと思います。

「主婦力」とはオールマイティーな能力なので、あなたがほんの少しサポートするだけで、奥さんは超優秀な経営者になれるでしょう。

もちろんこれらは、私の妻や職場の女性陣、同僚や知人の奥さんの話を見聞きして感じたことです。また、主夫も家庭を切り盛りするうちに、主夫力を身につけるかもしれません。ですから本書の記述はあくまで、私が個別に感じた傾向として、ご理解ください。

そのうえで、この章では、いかに世間の奥さんたちが経営者として優秀であるかを説明したいと思います。

ですが、その前にまず、あなたにあって妻にない、「4つの壁」について説明させてください。

ヒトラーによって閉ざされたお金持ちへの道

トーゴーサンピン（10、5、3、1）という言葉をご存じですか？

昔はクロヨン（9、6、4）とも呼ばれていましたが、これは職業ごとの税負担の割合を意味していて、所得税負担の不公平さを表現した言葉です。

高い税金を納めているのが給与所得者であるサラリーマンです。サラリーマンの税負担の重さを10とすると、5が個人事業主、3が農家、1が国会議員、なのだそうです。

誤解のないように申し上げておきますが、これは個人事業主や農家、国会議員が脱税しているという意味ではありません。サラリーマン以外の職業には、いろいろと便利な節税手段があるので、実質的な税負担が軽いという意味です。

日本の税制度は申告納税制度を採用しています。申告納税制度とは、納税者自らが所得を申告して税額を確定させて納める制度です。

個人事業主や農家のみなさんが毎年行っている確定申告による納税がこの方式なのですが、これこそが本来の納税方法です。

勤務先が代わりに納税してくれるというサラリーマンの源泉徴収という方法のほうが例外というわけです。

職に就いている人の約8割はサラリーマンだといわれています。したがって、サラリーマン全員が確定申告することになってしまうと、税務署も職員の数をいまの何倍にも増やさないと仕事が回りません。

全国各地に無数に点在する事業所に税金の天引き作業をアウトソースする以上、一律に機械的な扱いにしないと効率が悪くなりますし、「判断」というプロセスが入ると客観性を保てなくなって不公平な扱いにもなりかねません。

そこで、源泉徴収という方法が採用されたというわけです。

その意味では、事業所に税金の天引き事務をまかせてしまうという方法は優れた手法だといえます。アドルフ・ヒトラーがこの制度を広めたという俗説もありますが、そうだとしたら天才的な着想だと思います。

しかし、その副産物としてサラリーマンにとっての節税の道が閉ざされてしまいました。

会社員は自分のために働き、起業家は他人のために働く

サラリーマンの前に立ちはだかるのは、税制の壁という国家規模の壁だけではありません。

どんなに努力を重ね、どんなに能力を発揮しても、サラリーマンの目の前には「給与体系の壁」が立ちはだかっていて、いかんともできません。

しかしこれは、「お金の本質」を考えると当然といえます。

そもそも、**私たちが「何らかの働き」をする場合、それは「価値を創造する働き」と「価値を移転する働き」に分けることができます。さらに、それぞれは「自分のため」のものと「他人のため」のものとに分けられます。**

いわずもがなですが、価値を移転する働きよりも創造する働きのほうが、世の中を豊かにします。したがって、価値を創造するほうが世の中から感謝されて、感謝の気持ちとしてお金がより多く流れ込んできます。

また、「自分のため」よりも「他人のため」の働きのほうが、他人から感謝されるので、感謝の気持ちとしてお金がより多く流れ込んできます。

たとえば起業家は、「他人のために、価値や雇用を創造」します（92ページ参照）。創造された価値が大きかったり、多くの人々が感謝するような価値であれば、「感謝の気持ちとしてのお金」が次々と懐に流れ込んできます。

起業家とサラリーマンの本質的な違いとは？

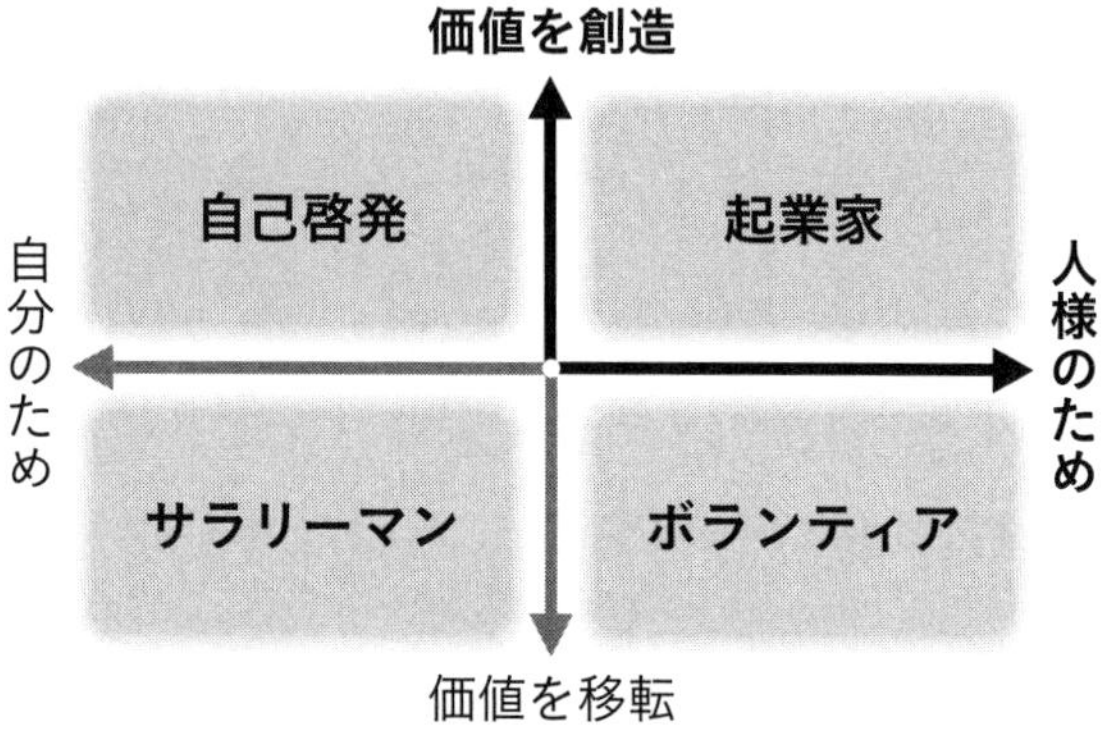

上に行くほど「富の絶対量」が増え、
右に行くほど「感謝の気持ち」が増える。

逆に、どんなに馬車馬のように働いても、価値が創造されなければ、誰も「感謝の気持ちとしてのお金」を支払ってはくれません。世間ではこれを「起業リスク」と呼んでいます。

このように、生み出された価値や感謝の気持ちの量がストレートに収入として跳ね返ってくるのが、起業家と呼ばれる人たちの特徴です。起業家の世界は、資本主義の原理原則が支配しているのです。

これに対してサラリーマンは、「自分と家族の生活費を稼ぐために、自分の時間（労働力）という価値を勤務先に移転」します。

私たちサラリーマンは、基本的に自分の時間（労働力）を勤務先に切り売りして、その対価として給料をもらっているのです。だからこそ基本給が決まっていて、残業代も1時間あたりいくらという時間給になっています。

業績や実績に応じた増減はありますが、ベースにあるのは生活保障としての基本給です。つまり、サラリーマンの世界では、社会主義の原理原則が色濃く反映されているのです。

このように、生み出された価値をベースにするのではなく、譲渡された時間（労働力）に応じて収入が決まってしまうので、サラリーマンが手にする収入には限界が生じてしまいます。

そもそも、お金の正体は「感謝の気持ち」でした。そうである以上、どんなに「自分のため」にがんばってもお金は大きく増えません。あなたが自分自身のためにがんばったところで、世の中の誰もあなたには感謝しないのですから、当たり前ですよね？

もちろん、勤務先企業が社会貢献をしているので、サラリーマンも間接的には他人のために貢献しています。しかし、直接的に貢献しているのは会社ですから、オーナー（資本家）や経営者（役員）に「感謝の気持ち」としてのお金は厚く配分されます。

ちなみに、「自分のために価値を創造」するのが自己啓発です。その段階では誰からも感謝されませんので「感謝の気持ちとしてのお金」は手に入りません。それが「世の中の人々のため」に活かされて初めて「感謝の気持ちとしてのお金」が流れ込んできます。一種の「含み益」です。

その他、「世の中の人々のために自分の時間(労働力)という価値を移転」するのがボランティア活動です。

副業をしたくても許してもらえない理由

3つ目の壁は、副業を禁じる「就業規則の壁」です。

いうまでもなく、サラリーマンにとっては勤務先での仕事が一番大切です。たとえプライベートな時間であっても、アルバイトに走り回るようでは気力も体力も使い果たしてしまいますので、本業に全精力を注ぐことができなくなります。

また、企業秘密や個人情報がアルバイト先にもれてしまうというリスクも付きまといます。そんな理由から、就業規則にて従業員の副業を禁止してきた経緯があります。**政府は働き方改革で副業解禁を奨励し始めましたが、9割のサラリーマンは副業できていません。**数字の上では過半数の企業が副業を解禁しましたが、現実的には副業しにくい職場が多いのかもしれません。

その結果、サラリーマンには給与収入以外の収入が望めません。給料から少しずつ預貯金を積み立てて、わずかな利息を複利マジックを使って増やしつづけるしかありません。ローギア走行で走りつづけなければならない上に、労働力という非力なエンジン1基を酷使しつづけなければならない、まるでゴーカートのようです。

だからといって、しびれを切らして信用取引や先物取引に走ったり、株やFXに手を出してしまうと、さあ大変。私のようにクラッシュして莫大な借金を背負いかねません。ローギア走行どころか、バックギア走行したあげくにアクロバット走行をするはめになってしまいます。

大手を振って副業できれば、エンジンを複数基搭載した安定走行が可能になるのですが、サラリーマンでありつづける以上、たいていの人は二の足を踏むでしょう。

経験を積むほど評価が下がっていく転職市場の謎

えーい、まどろっこしい！　いっそのこと、もっと条件のいい会社に転職してしまえ！　なんて、張り切って転職してしまったら、それこそ取り返しのつかないことになりかねません。若い人は大丈夫ですが、30代以降の転職で年収が増える人は3割しかいません。それがいまの日本の社会の実態です。

能力給制度が浸透してきたとはいえ、基本となる土台の部分が年功序列のままの企業も多い。日本では就職とは就社を意味しますので、必然的に年功序列になってしまいます。経験を積んで、脂が乗ったバリバリのビジネスパーソンが転職したとしても、下手すると収入が減るという厳しい現実が待ち構えているのです。

もちろん、あなたの能力を正当に評価してくれて、思う存分に力を発揮できる環境を提供してくれる会社もあるでしょう。

しかし、そういう幸運に巡り合えるのは、ごくごく一部の方だけです。あなたが、その一部に入れるという保証はどこにもありません。

そもそも転職とは、「いままでは三菱家の召し使いだったけど、今度は三井家や住友家の召し使いになる」という横滑り現象にすぎません。

「自分と家族の生活費を稼ぐために、自分の時間（労働力）という価値を勤務先に移転する」という枠組みのなかにとどまりつづけているかぎり、あなたの収入が飛躍的に増えるということはありえないのです。

税制の壁・給与体系の壁・就業規則の壁・転職市場の壁という四大障壁に囲まれている限り、サラリーマンが経済的に自由になるチャンスが到来することは永遠にありません。

かといって家族のことを思えばこそ、リスク覚悟で起業・独立するなんてことも簡単にはできません。

女性は生まれたときから
コミュニケーションの達人

ここまでの説明だと、主婦が経営者に向いているというのは、あくまで4つの壁がないためサラリーマンよりは有利、という消極的な理由に思えるかもしれません。

そこでここからは、私が主婦こそ経営者になるべきだと思っている、ポジティブな理由を説明します。

すでに少しお話ししたように、妻は最強のビジネススキル「主婦力」の持ち主です。「主婦力」は単体でも強力なスキルですが、そこにプライベートカンパニーという名の「魔法のマント」が組み合わさると威力は倍増します。破産寸前だった男をたった5年で裕福にしたのですから、伊達ではありません。

その**主婦力の筆頭格が「コミュニケーション力」**です。

女性の言語能力、おしゃべりをするパワー、駆け引きのうまさは、誰もが認める女性の先天的な能力なのではないでしょうか。

女性の言語能力が高いことを示唆する一番身近な例は、言語系の大学や学部への女性進学率の高さです。

たとえば東京外国語大学や関西外国語大学、名古屋外国語大学の女子学生の比率は約7割です。外国語大学に限らず、外国語学科や文学部あたりも、他の学部学科に比べて女性の比率が圧倒的に高いですよね?

同時通訳者も女性の比率が高いですし、バイリンガルと呼ばれている言語能力の高い逸材も、圧倒的に女性のほうが多い。

これは、脳機能学とか脳生理学などの観点からも説明できるようで、言語を司る脳梁《のうりょう》は男性より女性のほうが約15~20%も大きく、その結果として女性は言語能力に優れているという説もあるそうです。

また、発達心理学の観点からも、女性は幼児期の早い段階から言語認知に関して左脳が優位に立っていて、その結果コミュニケーション能力にも長けていて、共感能力が高くなると分析されています。

一例をご紹介すると、鹿児島県在住で副業中のサラリーマン神村尚《かみむらしょう》さんは、妻の楽々《らら》さんのコミュニケーション能力について、次のように証言されています。

「コミュニケーション能力が高く、やわらかい物腰であっという間に相手と仲良くなる。強面《こわもて》の印象が強い不動産会社に単身で飛び込み、あっという間に親密になるのです。その結果、物件情報を引き出して購入に至ってしまった。ご縁を大切にして、継続的にお付き合いができ、いまでは優良物件を優先して情報提供してもらえています。細かいところによく気づくので、夫のケアレスミス対応も完璧。さらに、さりげない手土産や、落ち込んだ相手へのフォローなど、妻のいない副業は想像できません」

あなたの周りの女性はいかがでしょうか？

そういえば、私の妻がこんなことを言っていました。「女性にとって、会話って、手段ではなく目的なの」だそうです。男の感覚では「必要があって会話する」のであって、必要がなければ会話はしません。ところが、女性は会話そのものを楽しんでしまうのです。

言われてみれば、たしかにそうかもしれません。私の母や姉妹もそうですし、職場の女性陣も暇さえあれば、おしゃべりしていました……。

エラを動かせないマグロは泳ぎつづけないと窒息死するので、寝ているときも泳ぎ続けているそうですが、まさに「しゃべりつづけないと呼吸が止まってしまう！」と言わんばかりの勢いでしゃべりつづけるのです（さすがに寝ているときはしゃべりませんが）。

赤の他人を〝仲間内〟へと引き込めるのはなぜだろう？

取引先の担当者や業者さんと渡り合う妻の姿を見るにつけ、私自身も驚嘆の念を隠せません。

担当者の長所を上手に褒め、相手の立場を配慮しながらも主張するところはしっかりと主張して、思い描いた通りの結果を引き寄せてくるのです。まさに神業で、担当者はいつの間にか、妻の仲間内へと立場を変えてしまっています。

これは何もコミュニケーション力だけのなせる業ではありません。

主婦特有の「気配り」や「細やかさ」、そして「共感力」を随所で活かしているからこそ、業者さんはその気持ちに応えようとしてがんばってくださるというわけです。

相手の気持ちに沿って考え、相手のことを感情面でも理解するからこそ、お互いの距離感や間合いを認識できる。だから双方が納得できる着地点、落とし所を見極められるのだと思います。

私たちのビジネスの1つが大家業なのですが、不動産の購入を検討する際にも、妻は必ず近所の方を誰彼かまわず捕まえて、世間話をしながら周辺環境や物件についての情報を入手していました。

世間話を通じて共通の話題や関心事が浮き上がってくるので、お互いに共感できて距離が縮まるのです。

その過程で、売却物件資料には載っていないような重要情報を教えてもらうことがたびたびありました。

ときには、近所の方だと思って話をした方が、じつはその物件の持ち主で、「悪いこと言わないから、この物件は買わないほうがいいよ」という本音のアドバイスをしてくださったこともあったくらいです。

男性にはない、対立する相手と気持ちよく付き合う姿勢

喜びや悲しみをわかちあう力は、人間関係や信頼関係を構築するために不可欠な能力です。共感力やコミュニケーション力などを総動員することで発揮されるので、女性の総合的な力の表れなのかもしれません。

それがバランスよく発揮された典型的なエピソードをご紹介しましょう。とあるコミュニティーを主催されている、主婦の方のエピソードです。

その方と旦那さんが経営する会社に税務調査が入ったときのこと。

最初に応対したご主人の姿勢は、自分の言い分を通すか、あるいは調査員に従うかの二者択一でした。そのため、調査員と対立することになってしまい、多額の追加納税を指示されてしまったそうです。

ご主人は「税務署は少しでも税金を取りたがる」という思い込みにとらわれていたのでした。

翌日、合点がいかなかった奥さんが、ご主人に代わって応対。「ご指導してくださりありがとうございます」というスタンスで臨みつつも、調査員に対して自分の考えを嘘偽りなく明示したのです。そのうえで相手の気持ちに寄り添って相手を心から信頼し、謙虚に率直な問いかけを繰り返しながら「双方にとって心地いい着地点」を見つけ出したのでした。

お互いに納得できる納税額が見えたとき、ご主人が突然立ち上がりました。自分にはなかった「双方にとって心地いい着地点を見つける」という奥さんの姿勢に感動したそうです。調査員の方も「奥様、どうもありがとうございました」と頭を下げて、笑顔で帰られたとのこと。

立場的には対立する相手であっても「共感力」をベースに、自分の考えを伝え、双方が納得する着地点を見いだす「わかちあう力」。まさにマルチな主婦力が発揮された典型例でしょう。

本業と子育てと家事と副業の4つを両立する能力

私は30年近く銀行に勤めてきましたが、銀行は女性の能力がいかんなく発揮される職場です。役員のような経営層はまだまだ男性中心ですが、女性の活躍の場が広がりつづけているのもれっきとした事実です。

私がこれまでに所属してきた各部署でもキーパーソンは女性でした。**彼女たちのテキパキとした行動力や的確かつ正確な事務処理能力は、男性陣がマネできるものではありません。**

男性は、こうした優秀な女性行員を上手に活用していると思い込んでいるかもしれませんが、じつは違います。女性陣の目線から見ると、男性陣はわがままで手のかかるやんちゃな子どもと一緒で、その子どもを育てて世話をしている感覚なのです。

そして、これは銀行に限ったことではないようです。たとえば、大手インフラ会社で技術職を務める藤井正樹さんの奥様は典型的なマルチです。保育園の先生をしながら子育ても家事も副業もすべて両立しています。保育園では、経営者から絶大な信頼を得ていて、園の運営や子どもの育成について相談にのる参謀のような存在です。保育園からの帰りが遅くても、保育園行事のための創作物を夜遅くまで手づくりで作成します。それでいて、翌朝は何事もなかったかのように朝食づくりや洗濯を済ませ、子どもを駅まで送迎して保育園に出勤します。めぼしい不動産（アパート）があれば現地調査（主婦目線の利便性等）して、収支計算までこなしているそうです。

もう一人、上原理恵子さんは、北海道でご主人と4人で暮らす2児の母親です。仕事は看護師なので、夜勤や準夜勤も多く、生活が不規則です。ご主人もサラリーマンなので、子育ても家事も理恵子さんがこなしています。体一つでは足りないほど忙しいのに、出版社の動画編集、セミナー動画編集・ダイジェスト制作、卒業の思い出ムービー作成などの副業を開始。2年目にして年商100万円を達成しました。副業を始める前は「時間がない」「家族の反対」「私にはできない」などの壁があったそうですが、いまでは不規則な看護師勤務と副業と子育てと家事の4つを両立するのですから、まさにマルチです。

「こなさなければならないアレやコレや」が山のように積み上がっているのに、主婦はそれを手際よく片付けていきます。頭のなかに「明確なスケジュール」「TO DOリスト」

がしっかりとイメージされていて、手順ができあがっているのでしょう。

そういえば、私の好きな手帳の世界でも、多くの女性の方がその活用法を披露されていますが、これは偶然ではなく必然なのかもしれません。

ピンチのときほど発揮される妻の天才的な機転

主婦の一日は慌ただしく、忙しいものです。

妻と主婦と母親の三位一体のような役割を始めとして、会社勤めやパートタイム、近所付き合いやPTA、習い事や副業など、主婦は一人で何役もこなしながら、家事に始まって、家事とはまったく関連性のないあらゆることをテキパキとこなしていかなければなりません。

しかも、突発的な出来事なんて、日常茶飯事です。それをすべて処理する主婦を一言で表現すると〝マルチ〟です。

そんなこんなで、**日頃から臨機応変に対応する癖がついていますから、主婦はとっさに**

機転を利かせるのが得意です。

私の妻のエピソードで、そんな「機転力」を象徴する面白い出来事がありました。

あるとき、妻が経営するアパートの入居者のみなさんに、インターネットを無料で楽しんでもらおうと思いついて、共用部分の吹き抜けスペースの壁面に電話回線を引き込み、Ｗｉ-Ｆｉのルーターを設置することにしました。

ＮＴＴの電話線引き込み工事と、Ｗｉ-Ｆｉのルーター設置工事、そしてルーター用の電源移設工事を一度に手際よく進めてしまおうと、現地には妻が赴きました。工事全体を取り仕切る現場監督のような役割です。

ところが、いざ工事を始めようとしたとき、想定外の事態が判明してしまったのです。トップバッターのＮＴＴさんが電話線引き込み工事に取り掛かろうとしたところ、いきなり「できません」と言われてしまったのです。吹き抜けスペースの1階の床から2階の天井まで、全面ガラス張りだったことが災いして、外から回線を引き込むための穴を開けられなかったのです。

ＮＴＴさんの工事がストップしてしまうと、後に続くＷｉ-Ｆｉのルーター工事も、電気工事会社の電源工事もドタキャンになってしまいます。せっかくの計画が頓挫《とんざ》しそうになってしまいました。

そのとき、妻は奇想天外な行動に打って出たのでした。

なんと、妻はとっさに外へ飛び出したのです。あるものを探しに……。その探しものとは「工事現場」でした。

近所で、新築工事や改築工事をしている家がないか、探しに飛び出したというわけです。しかもこういうときほど、幸運の女神さながら運まで味方に付けて引き寄せるもの。このときは徒歩3分のご近所で、歯科クリニックの新築工事が始まっていました。

そこに居合わせた作業員の方に事情を話して助けを求めたところ、快くお手伝いを申し出てくださった、という絵に描いたような美しいストーリーができあがりました(笑)。

全面ガラス張りのアルミサッシにドリルで穴を開けてくださり、NTTの電話回線を吹き抜けの階段室に引き込むことができたのでした。

こうして、Wi-Fiのルーターや電源工事の業者さんにも迷惑をかけることなく、工事は無事完了し、入居者のみなさんに予定通り、無線LANでのブロードバンド高速インターネットを無料で楽しんでいただくことができました。
まさにとっさの機転。私には到底まねできないでしょう。

節約意識も立派なビジネススキルである

エコマインドも多くの主婦が持つスキルです。

エコマインドとは、簡単にいうと節約意識です。どこの家庭の主婦も、絵に描いたように節約上手ですよね？　プライベートカンパニーの会計が家計と結びつくことにより、その節約意識がビジネスにまで行き届くようになります。

たとえば、プライベートカンパニーの経費として節税できる損金であっても、主婦の手にかかれば、収益を生まないムダなものとして容赦なく切り捨てられます。

「儲かったら税金で取られちゃうんだから、交際費使って担当者と美味しいお酒を飲もうよ！」と幾度となく私から誘い水を向けても、妻の許可が下りることはありませんでした。

その一方で、本当に大切なことには、しっかりとお金をつぎ込むのです。本当の節約というのは、闇雲に何でもかんでも切り詰めることではありません。

たとえば私の妻は、いつもお世話になっている担当者には、何かのイベントにかこつけて、その方が大好きなものをリサーチしてプレゼントします。お掃除をしてくださるアパートの入居者さんには、その方が大好きなフルーツやスイーツを手土産として持っていきます。

「感謝の気持ち」というお金の特質を活かした使い方をすることで、お金が文字通り生きてくるのです。一見ムダ遣いに見えて、じつはムダ遣いではないんですね。

これも、立派な「エコマインド」なんだと、感心してしまいました。

こうして妻がプライベートカンパニーの社長に就任したことをきっかけにして、我が家の家計は、メリハリのある筋肉質の家計へと生まれ変わったのです。

ラッキーを強引に引き寄せる「ちゃっかり力」とは？

私の妻は「ちゃっかり屋」です。
私の母も「ちゃっかり屋」です。
私の姉妹も「ちゃっかり屋」です。
そして、たぶん、**世の中の主婦の多くが「ちゃっかり」しているの**ではないでしょうか？

ここで、妻の「ちゃっかり力」を象徴するようなエピソードを紹介しましょう。先ほどのアパートが、物語の舞台です。

あるときのこと。アパート前の道路の舗装工事がありました。アスファルトをきれいに敷き直してくださるので、道路のデコボコがなくなります。入居者のみなさんにとっても、オーナーの妻にとってもありがたい工事です。

ところが、舗装工事が終盤に差しかかったあるときのこと。点検のため妻がアパートを訪れたのですが、そこで悲しい現実を目の当たりにしたのでした。

舗装される以前は、アパート敷地内のアスファルトと道路のアスファルトが同じように劣化してデコボコだったので、見た目も同じでまったく違和感がありませんでした。

しかし工事後は、敷地内のアスファルトが目を覆いたくなるくらいみすぼらしい状態だ、ということが露呈してしまったのです。

しかも、工事業者さんのミスでアパート敷地内のアスファルトが20㎝ほどはがされてしまい、段差ができていました。

さて、困りました。

そこで妻は、舗装工事をチェックするため偶然そこに居合わせた市の職員さんのもとへ駆け寄ったのです。そして、こう言いました。

「道路が舗装されて、見違えるようにきれいになりました！　本当にありがとうございます！　でも、うちのアパートの敷地のアスファルトが20㎝も削られてしまっているんです。このままですと、とても危険です。もし、入居者の方がつまずいて怪我でもされたら大変です」

こうして、間違って削られてしまった20㎝を埋めていただいたことは、もちろんいうまでもありません。

ここからが「ちゃっかり屋」さんの本領発揮です。

「どうせ舗装するのでしたら、ついでにこっちもお願いできませんか～？　20㎝削っちゃったのはそちらのミスですし、うちのほうのスペースも全部やっていただけるとうれしいです！」と可愛らしくささやいて、なんと敷地内を1～2ｍにわたって舗装してもらったのです！

しかも、雨水が溜まらないようにと、排水用の溝と格子状のカバーまで付けてくださるというおまけ付きです。

みなさん、どう思われますか？（笑）

このように、何か不備を見つけて、それをさり気なく指摘して、その代わりに何かを引き出してしまう「ちゃっかり力」。男性陣には絶対マネできない才能ですね。

パート勤めほど妻の才能をムダにしているものはない

例示した主婦力は、あくまでも一例です。意識して見てみると、主婦の才能のすごさに改めて驚かされます。そんな**才能を家事という枠のなかだけに閉じ込めておくなんて本当にもったいない**ことだと思いませんか？

家事だけではありません。パートやアルバイトも似たようなものです。家計の収入を増やす方法として、主婦がパートに出て働くという方法はポピュラーです。

たしかに、高度成長期のように「労働力」に価値が認められた時代であれば、パートとして「労働力」を提供するということにも意義がありました。

しかし、それは1989(平成元)年までの話です。この年に潮の流れが変わったのです。東ドイツの政治家ギュンター・シャボウスキーの勘違いから1989年にベルリンの壁が崩壊した話は有名です。

ところが、これをきっかけに世界中に溢れ出てきて、価値が低下しつづけている商品があるのですが、それが何だかご存じですか？

答えは「労働力」です。

ベルリンの壁の崩壊を皮切りに、旧ソ連が崩壊し、中国までもが資本主義の皮をかぶった結果、世界中に安価な労働力が溢れ出ることとなりました。

たかだか10億人しかいなかった資本主義市場に、統制経済市場からいきなり20億人以上の人口が雪崩れ込んできたのです。いまではインドや東南アジアの新興国からも安価な労働力が供給されています。

しかも、その後ろにはアフリカ勢も控えています。労働力の価値が低下するのもムリからぬことです。

需要よりも供給のほうが圧倒的に多いのですから、「労働力」の値段が下がりつづけるのは当然の成り行きです。

そんな状況下で、妻のリソースのなかから「労働力」だけを切り取って「パート」として叩き売りするなんて、とてももったいないことです。

ただし、やりがいのある仕事やライフワークを「パート」としてできる場合には、もちろんこのかぎりではありません。私の妻も、ビジネスが軌道に乗った後は、ライフワークであるファッションや大好きなスイーツに関係する仕事を楽しんでいました。

共働き・独身の人のための裏ワザがある！

4つの壁は、当然ながら主婦には存在しません。

主婦には、就業規則の壁がありません。妻にビジネスをゆだねることで、あなたの家計にとっては2つ目の収入源がプラスされることになります。

サラリーマンは副業をやりにくいですが、家のなかを切り盛りする主婦に担ってもらうのであれば、そんな制約を一切受けません。就業規則とも無縁ですし、取引先との電話連絡・メール連絡もこまめにこなすことができます。

夫は、サラリーマン稼業に専念しながら、実質的には複数の収入源を持つことができるようになるのです。

ここまで説明してきたことは何も専業主婦に限ったことではありません。
妻がパートタイマーだとしても同じ方法が使えます。パートさんに対しても副業を禁止している会社はありますが、これは同業他社への情報ろうえい防止とか長時間労働による労働品質低下などを防止するためのものです。
そのため、これらに抵触しないような副業であれば、目くじらを立てて解雇されるようなことは現実には起こりえません。周りをよく見ると、複数のパートを掛け持ちしている人は意外と多いですよね。

また、夫婦ともに副業禁止の会社に勤めている共働き世帯の場合や、独身の場合でも大丈夫です。すでに過半の会社が就業規則を改定して、副業を解禁していますので、あなたの会社もすでに解禁済みかもしれません。夫婦それぞれの勤務先の就業規則をしっかり読み込んでチェックしましょう。

副業禁止の場合に取りうる選択肢は3つあります。

1つ目は、**身内の誰かを社長に据える方法**です。親兄弟や祖父母や子どもなどのなかに一人くらいは副業禁止規定とは無縁なお身内がいらっしゃるはずですので、「お飾りの社長ポスト」に座らせてしまえばよいのです。

この場合、あなたも奥さんも、家族のビジネス、つまり「家業」をお手伝いするという体裁を取ります。どんなに規模が大きくても、手伝いであれば副業にはなりません。実家が農家の場合、種まきや田植えや収穫の時期には一家総出で手伝いますが、それと同じように副業にはなりません（実費以外にバイト代をもらう場合、公務員は許可が必要）。

2つ目は、**会社ではなく一般社団法人を設立する方法**です。株式会社や合同会社のように「○○会社」という名前がつく法人は、営利を目的とした営利法人です。

これに対して、「○○法人」と名のつくNPO法人、一般社団法人などは、営利を目的としていない非営利法人です。私たちも非営利型の一般社団法人をつくりましたが、意外と簡単でした。

公務員でさえ、非営利の事業団体で事業に従事できると、法律に書かれています。禁止されているのは「営利を目的とする私企業の経営、兼職」であって、非営利法人については禁止されていません。そこまで禁止すると、ボランティア活動もできなくなります。

一方で非営利法人は、ボランティア活動や奉仕活動しかできないと思われがちですが、そんな制約もありません。非営利とは、「構成員に余剰利益を分配しない」という意味なので、利益を出す活動をしてもまったく問題ありません。

3つ目は、**憲法と裁判所の判例、および国の方針を尊重する選択**です。

日本の最上位の法律は憲法ですが、基本的人権として自由権を認めています。勤務先に迷惑をかけない限り、アフターファイブや休業日の過ごし方は個人の自由なのです。むやみやたらと、それを就業規則で禁止することは基本的人権の侵害です。

法曹だった父の影響で私も法律を学びましたが、少しでも法律をかじったことがある人なら、人権を無視する就業規則のほうがおかしいと感じるはずです。それゆえ、過去の判例の大半は、副業を理由に懲戒処分した企業側が敗訴しています。政府が定めたモデル就業規則も、こうした過去の判例をストレートに反映しています。

そこで、憲法や判例、国の方針に従って、人権侵害を容認するブラックな就業規則をスルーするわけです。スルーするだけですから、会社とは喧嘩しません。後述する方法でバレないように工夫をして、不安なら妻社長メソッドという保険をかければいいだけです。

妻が社長になれば生命保険は必要ない

一般的なご家庭では、妻に万が一のことがあっても夫の収入は途絶えませんが、夫に万が一のことがあったら妻は生活の糧を失います。

そう考えると、妻にとって一番の不安は、夫がいなくなったときにはたして生活していけるのだろうか、ということに尽きるのではないでしょうか？

その不安が、世の中の女性を「生命保険」へと駆り立てます。

保険会社も、ここを巧みに突いてセールスをしかけてきます。

そうだとすると、夫の稼ぐ力をどんなに高めても、妻の不安は解消されませんので、まったく無意味です。問題解決にはなっていません。

生命保険は「宝くじ」と同じで一種のギャンブルだといわれます。なぜなら、大金が手に入るカラクリが同じだからです。

たとえば、ジャンボ宝くじでは、数字が印刷してある回転盤に機械で矢を発射して当選番号を決めています。この番号次第で、当選者が決まります。

これに対して、生命保険は不慮の事故や病気にあった人が当選者となります。その資金原資となるのはみなさんがお支払いになる掛け金、ならぬ賭け金です。

それゆえに、生命保険は博打と一緒だといわれるのです。

万が一の場合に備えたお金がないのであれば、掛け捨て保険には入らざるをえませんが、経済的に自由になってしまえば保険料はムダ金以外の何物でもありません。

それよりも、「稼げる仕組み」を妻に持ってもらうほうがずっと現実的な解決策になります。そのとき初めて、妻も安心できます。

そして、妻が社長になることにより、妻自身が経済的に自立できるので、妻の存在そのものが生命保険の代わりになり、これが実現できてしまいます。

万一に備えた高い保険料を生命保険会社に支払う必要もなくなるので、コスト面でも一石二鳥というわけです。

どうしても不安だというのであれば、プライベートカンパニーが保険に加入して節税するという裏ワザも使えます。

私の場合は、新入社員の頃に半強制的にがん保険に加入させられたのですが、それ以外の保険には一切加入していません。

このように、**妻が社長になって経済的に自由になることで生命保険が不要となり、妻の「自立」を促すことができてしまう、**というわけです。

妻の返報性を引き出し、ハグのある健康的な生活を手に入れる

お金とは感謝の気持ちです。

そして、これは他人だけではなく身内に対しても通用する根本的な原理原則です。

妻と一緒に成長しながら、資産を可能なかぎり妻にゆだねることにより、妻にはお金の

面でも心の面でも大きなゆとりが生まれるようになります。

すると、愛情を込めて妻の成長をサポートするという「心のこもった夫の働きかけ」そのものが、妻に劇的な変化をもたらし、女性が生まれつき秘めている「返報性」という能力を目覚めさせます。

夫の期待に応えようと自ら進んで成長し、いままで以上に貢献し始めるようになるのです。そして、夫に対して次第に深い「感謝の気持ち」を抱くようになっていきます。

歴史的にも社会的にも、女性は子どもや家庭を守るという役割を担ってきましたので、安心や安全、蓄えといったものを大切にします。たとえば、世間の主婦は夫に内緒で「へそくり」づくりに励んでいますが、女性の生態から推して考えると自然な行動です。

資産を妻にゆだねることにより、女性が生まれつき備えているこうした安定への欲求をすべて満たすことができるようになります。

一方で、ほとんどの女性は「ご近所やお友達から頂き物をしたら何かお返ししないと気持ちが落ち着かない」という感覚の持ち主です。これは「返報性の原理」と呼ばれていて、

「人は他人から何らかの施しをしてもらうと、お返しをしなければならないという感情を抱く」という人間心理の基本原理です。

命の次に大切な「お金」。それを全面的にゆだねてもらえるのですから、夫に対する妻の感謝の気持ちがふくらむというわけです。

それだけではありません。相手のさらなる成長を願って相手の成長をサポートしつづけるという行為は、「愛」というハイレベルな貢献の形です。

夫がどんなに稼いで妻にぜいたくな生活をさせてあげられたとしても、それは真実の愛ではありません。

妻が夫の経済力に依存している以上、それは隷属であって、妻にとっては、本当の意味での自由ではないのです。妻が自立できるように、夫が妻を応援し、成長をサポートすることこそが大切なのです。

すなわち、人が成長した究極の状態とは「自立」です。自立とは、経済的にも精神的にも物理的にも時間的にも、あらゆる意味で拘束されず、命令もされず、隷属することのない「自由」な状態です。

そして、相手が少しでも自立できるように、その成長を願って応援することを、私たちは「愛」と呼んでいます。

妻の成長をサポートすることを通じて、そんなハイレベルな貢献の気持ちを妻に対して示すわけですから、その効果は絶大です。


こうして、返報性の原理が作用して、夫は妻から感謝されて愛される人生を歩み始めることになる。夫婦仲がうまくいっている家庭では、多かれ少なかれこの基本原則が機能しています。

妻のモチベーションは飛躍的に高まりますし、妻の器自体も大きくなり、夫婦で一緒に経済的に自由になる準備が整っていくというわけです。


私自身も、妻の成長を願って一緒に学びつづけました。資産についても妻と妻の会社にゆだねました。いえ、正しくは拝借していた妻の持参金を返却しただけなのですが、それですら妻の私に対する〝感謝の気持ち〟は普通ではありません。初老の私のことを何かにつけ、ハグしてくれるのです（笑）。

ハグは、βエンドルフィンやオキシトシンなど脳内物質の分泌を促進するといいます。βエンドルフィンは幸福感をもたらし不安を和らげる働き、オキシトシンはストレスから脳を守り自律神経を整える効果を持つそうです。ハグがある生活は健康にもいいのです。

このように、妻を社長にして資産をゆだねながら成長をサポートすることにより、返報性と健康を取り込むことができてしまうというわけです。

プライベートカンパニーの存在が夫婦を成長させる

夫がサラリーマンの家庭では、万が一、プライベートカンパニーで十分な利益をあげられないとしても、家族が食いっぱぐれることはないでしょう。夫がサラリーマンをやめて起業すると言い出さないかぎりは、収入が不安定になる心配はありません。また、共働きは別としても、主婦は時間にも恵まれています。つまり、生活面での心配も少なく時間にも余裕があるので、妻は腰を据えてビジネスに取り組めます。だから、夫は妻のビジネスが軌道に乗るまで、じっと温かく見守ってあげればよいのです。

夫が温かく見守りながら、妻に資産を預けて、妻自身が収益をあげることができるようになると「金持ちマインド」が妻に備わってきます。将来への不安で一杯だったときと比べて、自分でコントロールできる収益源があることが安心材料となって、気持ちのうえでも余裕が生まれるのです。

結果として、夫が本当に必要とするお小遣いを惜しみなく渡してくれるようにもなります。ムダ金を削りつつも、有効な経費に対しては必要性を理解し始めるでしょう。お金を「生き金」として使う姿勢が自然と身についてくるというわけです。

しかも、ビジネスを通じてファイナンシャル・リテラシーも会得しますので、お金と時間を浪費する「有閑マダム」になることも防げるようになります。

こうして妻は、主婦という仮面をかぶりながらも、その実態は一企業の社長になるわけです。「○△ちゃんのママ」的な存在とは次元が違います。社会との関わりを保ちながら、目に見える実績を積み上げることができますので、その存在感たるや抜群です。なんといっても、会社のオーナー社長です。見方によっては丸の内界隈のキャリアウーマンよりカッコいいかもしれません。

アイデンティティが高まりますから、疎外感もなくなってストレスフリーになります。その結果、へとへとになって帰宅した夫が、妻のおしゃべりという名の機関銃攻撃の餌食になることもなくなるはずです。

おまけに、思わぬ副産物もついてきます。**資産を妻にゆだねることで、夫は冷静な判断ができるようになり、妻に対して的確なアドバイスをできるようになる**のです。

たとえば、自分で資産を所有していると私利私欲が膨らみます。知らず知らずのうちに欲に目がくらんでしまい、冷静な判断ができなくなってしまったりします。

私が株で失敗した最大の要因もそこにありました。自分の資産運用能力に対する過信と、運用に失敗したときの焦り、いろいろな雑念が頭のなかで混沌としてパニックになってしまい、客観的な判断ができなくなってしまったのです。

ところが、資産を自分の手許から切り離してしまうと、なぜか冷静沈着になれる。妻に対するアドバイスも冷静に的確にこなせるようになります。自分と一体化していないからこそ、客観的に見渡せるのでしょう。

一方で、家計の全資産とプライベートカンパニーの管理をまかされた妻としても、責任重大ですからがぜんがんばり始めます。自分を信頼してすべてを託してくれた夫の期待を裏切りたくない、夫に貢献したいという気持ちが強く働き、真剣に勉強して、夫の期待に応えてくれます。知恵を振り絞って奮闘してくれるようになるのです。

このように、妻を社長にして夫が見守りつづけることで、金持ちマインドが花開く、というわけです。

最後の最後は妻のモチベーションで結果が決まる

何よりも大切なことは「妻のモチベーションを高めること」です。

あなたの勤務先でも、従業員のみなさんのモチベーションが会社の業績を左右しているのではないでしょうか。それと同じ理屈が家庭にも当てはまります。

特にプライベートカンパニーの場合には、妻が社長であり実働部隊でもあるので、妻のモチベーションのレベルが、ビジネスの成果に直結します。つまり、妻のモチベーション次第でプライベートカンパニーという二人の資産が大きく膨らむかどうかが決まるのです。

そうである以上、妻のモチベーションを常にハイレベルに保ちつづけることが必須条件になります。


では、そのためには具体的にどうすればよいのでしょうか？


じつは意外と簡単です。たとえば、妻が「今日、素敵な靴を見つけたの～」とか「オシャレで美味しそうなお店があるのよ～」と言ってきたら千載一遇のチャンスです。すかさず「君ががんばったご褒美として、僕らのプライベートカンパニーがプレゼントしてくれるよ」と、天使のささやきをしてあげましょう。

その一言で、妻の「やる気スイッチ」は一発でＯＮ、ＯＮ、ＯＮ！

モチベーションが無限大に膨らみつづけること、間違いないでしょう！

第3章

妻の会社がうまくいく堅実なビジネス

失敗しないビジネスに当てはまる5つの条件

妻をプライベートカンパニーの社長にしたうえで、どんなビジネスに取り組めばいいのでしょうか？

夫婦で協力しながらも妻が中心となって取り組むビジネスである点と、お金の本質が感謝の気持ちであるということから突き詰めて考えると、必然的に次の5条件をすべて満たしたビジネスに絞られます。この視点をベースにして選べば、よっぽどのことがないかぎり失敗はありません。

①小さな金額から始められること

個人で始めるビジネスですから、どんなに大きくても元手は数百万円が限界です。したがって、数千万円の資金が必要なビジネスは対象外になります。

ただし、素人の個人に対しても銀行が積極的に資金を融資してくれるようなビジネスであれば有力候補になります。

②利他的なビジネスであること

お金の本質が「感謝の気持ち」である以上、絶対不可欠な条件です。あなたの手許にお金が絶え間なく永続的に流れ込むビジネスは、他人に喜んでもらえるビジネス以外にはありえません。

③簡単に学べて再現性があり、片手間で手軽にできること

私たち素人が、プロレベルの専門的な知識やノウハウを必要とするビジネスに取り組むことはナンセンスです。世間の素人のみなさんがことごとく成功しているビジネスでなければ、意味がありません。

④家事の合間にできて、ムリなく続けられること

主婦だって暇ではありません。いわんや共働きの場合はなおさらです。日常の家事に支障が出るようなビジネスでは長続きせずに失敗します。

⑤他人まかせにしないで、妻がコントロールできること

他力本願のビジネスは絶対に儲かりません。「お金とは感謝の気持ち」である以上、一番貢献した人の手許にお金が流れていくからです。お金の本質に照らしてみると、必須の条件となります。

さて、これまで素人が参入してきたビジネスには、ネットオークションやアフィリエイト、コンサルティングやコーチングなど、いろいろなものがあります。

結論から申し上げると、①〜⑤の条件さえ満たしてしまえば、どんなビジネスでもかまいません。いま現在あなたが温めているアイデアや、すでにしかけているアイデアがあれば、この5つの条件に当てはめてみてください。すべてをクリアできたなら、安心して取り組んでいただいて問題ありません。

ちなみに、私たちが最初に選んだビジネスは大家業でした。なぜかというと、大家業も次のように5つの条件をすべて満たしているからです。

①初めて賃貸物件を取得するような個人に対しても銀行がお金を貸してくれるので、

少ない資金でも始めることが可能。
②大家業は他人のために住居を提供するという利他的なビジネス。
③大家業はビジネスモデルが単純なので、素人にも簡単に学べて、再現性もある。
④大家業は主婦業の延長線上で家事の合間にできる。
⑤大家業は妻自らがコントロールすることが可能。

そんな理由から、私たちの場合も、素人が続々と成功を収めている「大家業」を最初のビジネスにしました。

ちなみに、大家業を大々的に展開している企業としては、丸の内の地主である三菱地所や、六本木ヒルズなどを展開する森ビルあたりが有名です。大家業はその個人版スモールビジネスにあたります。

銀行が融資してくれる唯一のビジネスとは？

個人で始めるビジネスですから、現実的に考えて小さな金額で取り組めるようなビジネ

スでないと話になりません。知人や親戚縁者、あるいは投資家などからお金を集められるのであればもちろんかまいませんが、そこまでいってしまうと副業や家業ではなく、本格的な「起業」になります。

あくまでも、妻に担ってもらうビジネスで、妻に経済的に自由になってもらうということが基本的なコンセプトですから、まずは小さな金額から始められるものを選びましょう。

先ほど例示したネットオークションなどのビジネスは、どれも少額から始められるものばかりです。

ただ、私たちが最初に取り組んだビジネスは大家業でしたので、5つの条件についても、大家業に当てはめながら説明したいと思います。

あなたがイメージしているビジネスが大家業でない場合でも、何か参考になる部分、学びになる部分がきっとあるはずです。自分に当てはめて考えてみてください。

大家業は、素人にとっても安心して取り組めるビジネスです。裏を返すと、事業資金を融資する銀行の立場から見ても、大家業は安心してお金を貸せるビジネスモデルになります。

大家業のビジネスモデルは「家を買って貸すだけ」なので、極めてシンプルです。キャッシュフロー中心の事業計画もわかりやすく、もっとも安全かつ安定したビジネスに位置づけられます。

だからこそ、**石橋を叩けるだけ叩きまくった末に、けっしてその橋を渡ることのない銀行でさえ、素人に対してアパートローンを貸したがる**のです。しかも、サラリーマンという安定した収入源を持つ夫が保証人になるだけで、一番有利な条件で借入ができるようになります。

反対に、それ以外の新規の個人事業に対して、一般的な民間銀行は原則としてお金を貸しません。少なくとも、私がたずさわった数千件の融資のなかには1件もありませんでした。それくらい、大家業とそれ以外のビジネスでは、銀行にとって資金回収率に天と地ほどの差があるということです。

夫がサラリーマン、妻が大家という組み合わせは、じつは向かうところ敵なしの最強の組み合わせです。なぜなら、銀行から見て、一番信頼できる資産は「人物の信用力」、そして「不動産」だからです。

貸し倒れリスクを抱える銀行の立場からは、まずは担保となる物件の立地条件や財産価値が最重要です。逃げも隠れもしない不動産は、いまも昔も一番信頼できる物的担保なのです。

そして意外かもしれませんが、大家としてのスキルレベルは銀行にとってはどうでもよいことです。借入人と保証人が信頼できる人物かどうかという点が一番の関心事だからです。

すなわち、銀行にとって信頼できるかどうかは、お金を貸し出す相手の生活が安定していて、経済面で信用できるかどうかがポイントになります。いうまでもなく、この世で一番収入が安定している職業人はサラリーマンです。

しかも、大家業に取り組まれる方は、社会貢献意欲の強い方ですので、人としても信頼に値します。

人的担保と物的担保という大きな信用力があれば、少ない元手であっても大家業を始めることができます。

中古の戸建て賃貸物件であれば数百万円から始められます。このレベルなら、日本政策金融公庫から無担保で借り入れることだって可能ですので、わずかな自己資金から始めることができます。

その意味で、サラリーマン夫婦が取り組む大家業は、最高の人的担保と物的担保とを両方兼ね備えていることになるので、ビジネスの王道の1つといえるでしょう。

私たち夫婦の場合にも、銀行借り入れに関してはほとんどハードルがありませんでした。保証人となる私の属性はサラリーマンでしたし、どん底の節約生活で種銭も十分に貯まっていました。

保証人となる私が破産寸前だった、という事実は銀行にはわかりません。最初に購入したのは地方中核都市にある地下鉄徒歩圏の2000万円強の中古木造アパートでしたが、銀行から2000万円近くも借りられました。

その後、約束通り返済を続けたので、私たちは銀行からの信用を得られました。おかげで今度は、4500万円の小型コンビニ用の土地購入資金を貸してもらえました。コンビニの建築費約2000万円はコンビニ本部が建築保証金や敷金などの名目で貸してくれました。

一度信用してもらえると、次々とお金を借りられるようになります。

そこで、銀行借入を返済して残った収入を次の物件の頭金に回しました。頭金が増えるほど、銀行からの信用が高まるので、わらしべ長者のようにもっと大きい物件を買えるようになり、物件数を雪だるま式に増やせたのです。

その後も、北は北海道から南は九州に至るまで、一棟マンションや一棟オフィスビル、ロードサイド型コンビニなど、銀行借入のおかげでいろいろな物件を購入できました。

銀行からの信頼に時間をかけ算すると、もっとすごいことが起こります。岡山在住の田《た》口《ぐち》泰己《やすみ》さんが良いお手本です。

田口さんは地元の建材メーカーに勤めながら、2001年から大家業を開始。コツコツと物件を増やしてきました。その結果、**24年間で保有戸数は140戸、家賃収入は年間1億円**に達しました。

特別なことをしたわけではありません。ただ、地道に正直にコツコツと積み重ねてきただけなのです。銀行と時間さえ味方につけられれば、いくらでも拡大できるのです。

利他的なビジネスだからこそ長く続けられる

2つ目の条件は、利他的なビジネスであること、でした。

お金の本質が「感謝の気持ち」である以上、絶対不可欠な条件です。あなたの手許にお金が絶え間なく永続的に流れ込むビジネスは、他人に喜んでもらえるビジネス以外にはありえません。

これまで例示したものは、いずれも利他的なビジネスだと思います。

一方で、ＦＸなどのような投機取引は「利他的なビジネス」ではありません。

もちろん、プライベートカンパニーという枠組みのなかで節税しながらトレードすること自体は賢い資産運用です。

ただ、あくまでも利他的なビジネスではありませんので、妻を経済的に自由にして、妻を安心させてあげたいと本気で願っているのであれば、最小限にとどめましょう。

さて、私たちは最初、大家業を選びましたが、大家業は典型的な「利他的」ビジネスです。

不動産のことを英語でｒｅａｌ　ｅｓｔａｔｅ（リアルエステート）と呼びます。諸説ありますが、元々はスペイン語の「王様（レアル）の地所（エステート）」が、その由来だそうです。古今東西を問わず、不動産はその地を統治する国家（王族や政府）のものです。だから「王様の地所」というわけです。

太古の昔から、どの国の王様も外敵から領民を守って領地内の治安を維持することに腐心してきました。そうした「まつりごと」への領民の感謝の気持ちが貢ぎ物であり年貢でした。

そして、何よりも領民の幸福を第一に考えて、家臣まかせにせずに自ら考えて行動する国王が治める王国は繁栄しました。逆に、王様が自分自身の利益ばかり考えて、領民の幸福をないがしろにする王国は衰退して滅びていきました。

不動産経営にもじつはこれと同じ精神が流れています。不動産を利用する人から感謝さ

フォレスト出版　愛読者カード

ご購読ありがとうございます。今後の出版物の資料とさせていただきますので、下記の設問にお答えください。ご協力をお願い申し上げます。

● ご購入図書名　「　　　　　　　　　　」

● お買い上げ書店名「　　　　　　　　　」書店

● お買い求めの動機は?

1. 著者が好きだから　　2. タイトルが気に入って
3. 装丁がよかったから　　4. 人にすすめられて
5. 新聞・雑誌の広告で(掲載誌誌名　　　　　　　)
6. その他(　　　　　　　)

● ご購読されている新聞・雑誌・Webサイトは?

(　　　　　　　　　　)

● よく利用するSNSは?(複数回答可)

□ Facebook　□ Twitter　□ LINE　□ その他(　　　　　)

● お読みになりたい著者、テーマ等を具体的にお聞かせください。

(　　　　　　　　　　)

● 本書についてのご意見・ご感想をお聞かせください。

● ご意見・ご感想をWebサイト・広告等に掲載させていただいてもよろしいでしょうか?

□ YES　□ NO　□ 匿名であればYES

郵 便 は が き

料金受取人払郵便

牛込局承認

9092

差出有効期限
令和7年6月
30日まで

1 6 2-8 7 9 0

東京都新宿区揚場町2-18
白宝ビル7F

フォレスト出版株式会社
愛読者カード係

フリガナ お名前	年齢　　　歳 性別（ 男・女 ）
ご住所　〒 ☎　　（　　）　　FAX　　（　　）	
ご職業	役職
ご勤務先または学校名	
Eメールアドレス メールによる新刊案内をお送り致します。ご希望されない場合は空欄のままで結構です。	

れて、初めて成り立つのが不動産経営なのです。

繰り返しお話ししているように、お金とは社会貢献によって生まれた感謝の気持ちです。そして、不動産賃貸というビジネスは、もっとも質の高い社会貢献活動の1つといえるでしょう。


衣食住は人間が生きていくうえで最低限必要な要素ですが、なかでも「住居」は飛び抜けて高価な資産です。「念願のマイホーム」といわれるくらい手の届かない高嶺の花です。その高価な住居を、自分が住むためではなく、他人に住んでもらうために提供する、というのが大家業なのです。これほど生活に密着した公共性の高い経済活動は他にありません。

このように、大家業は利他的なビジネスのいい例です。だからこそ、感謝の気持ちとしてのお金が、大家さんのもとに途切れなく流れ込んでくるというわけです。

もちろん、大家業さえ始めてしまえば必ずうまくいく、というわけではありません。相場に比べて家賃が高すぎたり、修理や掃除といったメンテナンスがちゃんとできていなかったりしたら、入居者が感謝してくれるわけがないからです。

そんな大家に成り下がってしまっては、せっかくの利他的なビジネスが、ひとりよがりのビジネスになってしまいます。「他人のため」ではなく「自分のため」のビジネスになった途端に、「感謝の気持ちとしてのお金」はピタリと止まってしまうでしょう。

たとえば、私たちが最初に手がけたアパートは1Kタイプ12室の単身者向け一棟アパートでした。購入当初は見た目も内装も汚く、掃除もされていないようなボロアパートでした。誰の目にも、入居者が感謝してくれているとは思えない物件です。当然のように半分の6室が空室で、家賃収入は月20万円強しかありませんでした。

そこで、まずは一つひとつの部屋をきれいに掃除して、設備も世間並みにそろえて、家賃も相場並みに設定しました。そのうえで、差別化するための強みを1つだけ埋め込みました。

独身男性を想定入居者としたアパートだったので、全部屋をブロードバンドの高速無線LAN対応としたのです。もちろん無料です。廊下の壁にルーター用のボックスを取り付けて、そこにWi-Fiのルーターを設置しただけの簡単な装備です。ランニングコストは毎月5000円程度でしたので、1室あたり約400円の出費にしかなりません。

家庭内での無線LANはすでにポピュラーでしたが、公共の場所でのWi-Fiは出始めたばかりの頃だったので、不動産仲介業者の間ではすぐに有名物件になりました。おかげで、あっという間に満室になり、家賃収入は月50万円になったのです。

このように、大家業はもともと利他的なビジネスなのですから、その精神を忘れずに利他的に運営しさえすれば、空室だらけになることはありえません。

大家業以外のビジネスに取り組まれる方も、そのビジネスでお客様となってくださる方が、心から喜んでくださるように常に工夫を続けましょう。**お客様が喜んでくださるかぎり、そのビジネスが見限られることはけっしてない**はずです。

やるなら「成功している素人」のマネをしなさい

3つ目の条件は、簡単に学べて再現性があり、片手間で手軽にできることです。

すでにプロレベルに達している特技でもないかぎり、私たち素人が、プロレベルの専門的な知識やノウハウを必要とするビジネスに取り組むことはナンセンスです。世間の素人のみなさんがことごとく成功しているビジネスでなければ、意味がありません。

自分でビジネスを立ち上げることは容易なことではありません。ビジネスモデルを確立することと自体が至難の業ですし、並みいる競争相手と戦いながら、収益力と資金繰りとを永続的に維持しなければならない。プチ起業しても、軌道に乗るまでには3年かかるのが普通なので、マインドの高い起業家にとってもハードルは高いのです。


その点、大家業は「簡単に学べる」ビジネスです。入門レベルの民泊や初級レベルの中古の戸建て賃貸であれば、本を何冊か読めばすぐにでも取り組めます。

なぜなら、ビジネスモデルがとても単純だからです。シンプルだからこそ再現性が高く、誰にでもマネできてしまうのです。利他的な気持ちさえ失くさなければハードルはさして高くはありません。

だからこそ、ずぶの素人が次々と参入して、続々と成功を収めているのです。


「衣食住」のうちの「衣食」と比較するとよくわかります。

「衣」も「食」も、海外の安い現地労働力と原材料とを活用して、現地で安くつくってから日本に運んでくることができます。それだけに、企業間の競争は熾烈《しれつ》を極めていますし、高度なノウハウとビジネスモデルが必要になってきます。素人や一般人が入り込む余地はほとんどありません。

しかし、「住」に関しては、そんな事情が一切ありません。

それは、海外のアパートから毎日日本に通勤・通学することが、物理的にも経済的にも不可能だからです。

したがって、海外の安い土地に安い労働力を使ったローコストアパートを建てて、日本市場に殴り込みをかけられる、なんていう脅威もありえません。

また、オーナーが変わることによってアパートの立地が悪くなるとか、日当たりが悪くなる、ということも起こりえません。

本来であれば、誰が大家業をやっても大きな差は生じないはずなのです。人間には必ず住《す》み処《か》が必要ですから、マーケットのボリュームにも厚みがありますし、少子化に対応した解決策も多数存在します。

だからこそ、大家業のノウハウを持っていない旧来型の大家さんでさえも「手軽」に安定経営を続けて来られたわけです。

私自身も、銀行員としてアパートローンの案件を無数に見てきましたので、その実態はよくわかります。アパートローン案件の大半は、安定した家賃収入をあげつづけていて、延滞もなく順調に返済を続けているのです。

しかも、アパートローンの借入人から毎年提出してもらう決算書を見ると一目瞭然なのですが、驚いたことにしっかりとした節税対策を講じた大家さんは少数派でした。プライベートカンパニーをつくってシステマチックに経営している人にいたっては、1割もいませんでした。

大半の大家さんが「片手間」で経営している状態なのに、入居率を8割前後に保ちながら、資金ショートも延滞も起こさずに順調に経営できていました。驚きとしかいいようがありません。

実際のところ、アパート経営に失敗した人の大半は、劣悪な場所に建築単価の高い物件を建ててしまったか、ムリなフルローン（全額借入）を組んだか、ずさんな管理状態でアパートを放置しているか、のいずれかです。

そして、裁判所の競売物件を細かく検証するとよくわかるのですが、競売物件の大半を占めているのがマイホームで、次が事業用物件なのです。これは、マイホームからは収益があがらないためで、当然といえば当然。失業したらローン返済も行きづまりますので、当たり前でしょう。

これに対して、アパート経営に失敗して返済が滞って競売にかけられる物件は意外と少ないのです。むしろ、本業の事業に失敗して借金返済に行きづまった社長さんが個人で持っているアパートを差し押さえられてしまったケースや、失業により家賃収入を生活資金に充てざるをえずローン返済が滞ってしまった、というケースのほうが大多数です。

もちろん、適切にコントロールするためには、不動産や財務・税務などの知識が必要となります。しかし、これは本を数冊読むだけで身につけることができます。

おまけに、日本のサラリーマンの業務遂行能力は世界一です。その有能なサラリーマンである夫が妻をサポートしながら大家業をビジネスとしてブラッシュアップしていくのですから、向かうところ敵なしといってもいいでしょう。

このように大家業は「簡単に学べる」「片手間」「手軽」という3つのキーワードをすべ

て満たしているので、主婦にうってつけのビジネスなのです。

選択基準は「家事の合間」にできるかどうか

4つ目の条件は、家事の合間にできて、ムリなく続けられることです。

主婦は暇ではありません。専業主婦だって、かなり忙しいです。いわんや兼業主婦は殺人的に忙しい。

そうである以上、一日中たずさわらなければならないビジネスは選択肢から外れます。家事と家事の合間のスキマ時間だけでこなしていけるようなビジネスでなければ成り立ちません。

大家業は、この条件もクリアしています。管理会社との役割分担や賃貸仲介業者とのパイプづくりといった仕組みをつくってしまうと、後はその仕組みと不動産とが自動的に社会貢献活動を続けてくれますので、大家業は一般的なビジネスに比べて手間暇がかかりません。

たとえば私の妻は、少しでも私の借金を軽くしようとして、大家業と並行してアルバイトやパートをこなしてくれました。大家業が軌道に乗って生活が安定した後も、趣味のファッションやお菓子づくりの仕事を見つけてきては、ライフワークの一環として楽しみながら働いていました。

その一方で、アパートやマンション、オフィスビルやコンビニなど多種多様な物件をしっかりと管理してきました。

なぜ、そんなことができるのかというと、入居者の募集や入退去に絡む実務についてはすべて管理会社が対応してくれているからです。水漏れや電気系統の故障などが発生してもすべて管理会社が対応してくれます。

このように、ルーティンワークについてはすべて管理会社が対応してくれるので、妻がやるべき仕事は家賃体系の変更や大規模修繕のような判断を要する仕事、そして年に一度の決算作業のみでした。

家事の合間に手軽にできるのが大家業の特徴なのです。スキマ時間にできるからこそ、ムリなく長く続けられます。

しかも、メインプレイヤーは妻なわけですから、主婦業の延長線で取り組めるビジネスのほうがベターに決まっています。その意味でも、大家業は「主婦力」を縦横無尽に発揮できるフィールドです。

家にいる時間が一番長いのは家庭の主婦です。そのため、部屋の配置や収納、台所や風呂場などの水回りから始まって、図面ではわからない動線にいたるまで、主婦は隅々まで知り抜いています。自分の家の長所と短所はもとより、ご近所の家の長所と短所まで、微に入り細を穿《うが》って把握しています。

それだけではありません。その街の雰囲気や買い物の利便性、学区や教育面での優位性など、主婦ならではの嗅覚がフル稼働します。部屋を借りるときも、マイホームを買うときも、決定権は主婦にあるといわれますが、たしかにうなずけますよね。

つまり、アパートのような不動産物件の良し悪しについては、男性よりも女性のほうがはるかに目利きだということです。

実際に日常生活にて家のなかにどっぷり浸かっている主婦は、その存在自体がアパート経営のセミプロだということを意味します。日本で一番ポピュラーな副業として定着しつつあるアパート経営について、そのセミプロの能力を活用しない手はありません。

ただでさえセミプロなのですから、実際にアパート経営に乗り出した途端にプロへと進化してしまうのです。

他人まかせではなく、妻の目で見て、妻が決める

5つ目の条件は、他人まかせにしないで、妻がコントロールできることです。

なぜなら、他力本願のビジネスでは、お金は他人の懐に流れていくからです。「お金とは感謝の気持ち」である以上、一番貢献した人の手許にお金が流れていくのは当然です。

お金の本質に照らしてみると、妻がコントロールできることが必須の条件となります。


ところで、ハイリスク・ハイリターンとか、ローリスク・ローリターンという言葉があります。

たとえば銀行預金は、元本割れはしないけれど金利も低いので「ローリスク・ローリターン」です。ＦＸや株式投資は元本割れする危険性が高い代わりに大きく儲かるときも

あるので、「ハイリスク・ハイリターン」です。

こうした投資判断の基準もたしかに一理あります。

しかし、じつはこれだけでは片手落ちです。なぜかというと、もっとも大切なのは「コントロールできるか否か」という視点だからです。

いくらローリスク商品であっても、コントロールできない商品であれば、あなたにとって価値はありません。逆にハイリスクの商品であっても、あなたがしっかりとコントロールできるのであれば、リスクを極限まで下げることができます。

つまり、「他力本願ではない」とは、コントロールできるということを意味するのです。


この「コントロールする」という考え方は、一見抽象的で難しそうに見えるのですが、実際には簡単です。「コントロールする」とは、有り体にいってしまえば「具体的に見えるようにする」という意味にすぎません。

コントロールが利かない場合の一番の問題点は「具体的に見えていない」こと、「具体的に見えないから、どうすればよいのか次の打ち手がわからない」というだけのことなのです。

「具体的に見えない」最大の理由は、単にあなたが「その現場から遠すぎる立ち位置にいるから」にすぎないことがわかります。

株式投資を例に取ってみると、個人で株取引を手がけている人の大半は、投資先の会社の財務内容と投資指標、そしてアナリストのコメントを頼りに投資判断をするしかありません。

ウォーレン・バフェットのように、その会社に乗り込んでいって企業実態を調べ上げるようなことはできません。いわんや、その会社の経営方針を変更させて、業績を拡大させて株価を引き上げる、というようなことなんて、できるわけがありません。一切コントロールが利かないのです。

その点、大家業では、自分の持っている収益物件のことを一番よく知っているのは自分です。日頃の管理を通じて入居者の不満を吸い上げて改善を施し、高い入居率を維持することは、すべて自分次第。**アパートの状況を具体的に把握できるからこそ、コントロールできる**のです。

あなたは、アパートが満室になっていることを、自分自身の目で確認することができます。満室になっているということは、入居者から「感謝されている」ということです。空室があるということは、入居者から「感謝されていない」ということです。

空室が増えてきた途端に、「これは大変だ！」と即座に気づいて、家賃引き下げやリフォーム、あるいは管理会社の変更、といった対応策をとることができるのです。

アパート経営のような不動産投資は、オーナー自身がコントロールすることが可能な投資です。その結果、コントロールを通じてリスクを低く抑えながら、ハイリターンを実現することが可能です。

自ら考えながら全体をコントロールしていくというビジネスモデルの典型例が大家業なのです。

第4章

妻と一緒に幸せを手に入れるために

夫婦二人で学ばなければ意味がない

プライベートカンパニーの社長は妻です。でも、その会社は二人のための会社ですし、ビジネスも二人のためのビジネスです。サラリーマン生活をリタイアした後の第二の人生では、夫がその会社の役員となることもあるでしょう。

ですから、会社勤めで培ってきたノウハウを目一杯、プライベートカンパニーと奥さんのためにつぎ込んでください。そのために、プライベートカンパニーの業務に関連するノウハウや、税務・会計について学ぶ必要があります。

奥さんにまかせっきりにするのではなく、常に「夫婦二人で一緒に学ぶこと」を忘れないようにしましょう。

「俺は勤務先の仕事で手一杯だし、そもそもプライベートカンパニーの社長は君なんだから、遠慮しとくよ」なんてことを言っては身もふたもありません。

ただし、難しく考える必要はありません。ほんの数年でも会社勤めをしていれば、その事実だけでものすごいノウハウを持っているということになります。
なぜなら、日本のサラリーマンは世界一のマネジメント能力を持っているからです。
日本の政治のレベルは、世界標準から見て三流といわれますが、日本の企業は一流です。
日本の企業は一流ですが、経営者のレベルは世界的な経営者の水準から見ると二流といわれます。

つまり、従業員であるあなたのレベルが世界一の水準だからこそ、経営者が二流でも、企業は一流の地位を維持できるのです。

このように、日本経済の根幹を支えているのは、企業のお偉いさんでもなければ、政治家でもありません。志のある起業家や、サラリーマンなのです。それくらい、日本のサラリーマンのレベルは驚異的な水準といってよいでしょう。

そのスキルを、勤務先のなかだけにとどめるのはまことにもったいない。ぜひ、最愛の妻や我が子に伝授してあげてください。すべてのサラリーマンのみなさんが、ご家族のスキルアップに取り組んでくだされば、日本の国民は一億すべてが粒ぞろいの精鋭となり（すでになっていますが）、未来永劫繁栄しつづけるでしょう。

なお、学ぶ環境という意味では、日本人はつくづく恵まれています。それは、職場や学校以外にも学びの場がたくさんあるからです。

意識的に新聞や雑誌、ネットを眺めてみると、毎日のようにセミナーとか講演会が催されていることに気づきます。そして、無料のセミナーや講演会が多いことに驚かされます。しかも、講師の多くは著名な経済人や起業家、大学教授などその道の先達です。図書館だって、すごい充実ぶりです。読みたい本の大半は図書館で入手できます。この国はそれだけ社会が豊かなのでしょう。

私たちも、暇を見つけては、夫婦二人でセミナーに参加してきました。何か面白そうなセミナーや講演会を見つける度に、「こんなセミナーがあるんだけど、いまの僕たちにもこういう視点が必要だね。ランチに行くついでに行ってみようか？」と、妻を誘いました。そして、セミナーや講演会を聴き終わった後、帰り道でお互いの感想や意見をぶつけあうのです。

こうして、**お互いに共通した話題、共通した認識を積み重ねながら、共通した未来像をかたどっていくことが自然とできるようになります。**そうした積み重ねを経て、これらの共通言語がいつの間にか「相互理解」と「絆」へと変化していくのです。

どんなときも責任を取るのは常に夫であること

夫が責任を取ることも大切です。言い換えると、当事者意識を持つということです。新入社員でないかぎり、あなたにも部下や後輩がいるはずです。部下や後輩を指導育成しながらも、何か問題が起きたときには必ずあなたがリーダーシップをとって解決にあたったり、責任を取ったりするのではないでしょうか？　それとまったく同じ理屈です。建前上は妻が社長かもしれませんが、実質的には夫が責任者なのです。

部下や後輩があなたに付いてくる本当の理由をご存じですか？

あなたのほうが経験豊富だとか有能だということも理由の1つですが、それだけではありません。あなたが一緒に戦ってくれることを知っているから、あなたがみんなの後ろ盾となってくれるという強い信頼感と安心感があるから、だから彼らはあなたに付いてくるのです。

妻にとっての夫という存在もそれと一緒です。

一家の主《あるじ》としての包容力、妻を守る男としての包容力さえあれば、それだけで妻は安心してビジネスに取り組むことができるようになります。

「大丈夫。何かあったら責任は俺が取るから、安心していいよ」

いざというときの夫のこの一言で、妻の行動力は飛躍的に高まります。

責任を取る以上、その前段階で夫も必ず何らかの判断を行っています。こうした判断を行って責任を取る過程で夫自身も成長していきます。妻をサポートして彼女の秘めたる能力を開花させていく過程で、自分自身の器が大きくなるのです。

人に教えることで、一番成長するのは教えてあげた当の本人だといいますが、これは古今東西普遍の真理です。曖昧な知識や中途半端な理解だけでは、人を教え導くことなんてできません。妻と一緒に成長することで、夫自身も知識や理解が深まり新たな気づきへとつながっていくのです。

ウソとホントを見分ける目を養いなさい

私たちは、テレビや新聞、そしてインターネットを通じてあらゆるニュースや情報を仕入れます。もし、それらがすべて「正しい情報」であれば、誰も不幸にはならないでしょう。

しかし、ほとんどの情報は、どうでもよいゴミ情報かフェイクです。しかも、流れてくる情報はどれもこれも過去の情報であって、未来の情報ではありません。

過去から学ぶことも大切ですが、未来に向かって生きていくのですから、常に先々を考えて前を見据えなければなりません。つまり、自分の頭で考えてウソかホントかを判断していかないと、誤った方向に進んでしまい、結果としてあなたの家族が不幸な人生を送ることになりかねないということです。

たとえば、世界一の債権国である日本が破綻する確率はほぼゼロに等しいのですが、

「日本の財政は破綻する！　年金も破綻する！」と、あおる人が大勢います。

しかし、それを真に受けて下手な投資に手を染めて破産したとしても、彼らは一切責任を取ってはくれません。

要は、自分と家族の身は自分で守るしかないということです。だから、情報についても、けっして他人まかせにせずに、自分で探しに出かけて見つけ出し、自分で考えて、自分で理解し、自分でコントロールすること、それが大切になってくるのです。

これは、情報だけでなく、お金についても、人間関係についても、人生についても、同じことがいえます。

そのためには、学びつづける以外に手立てはありません。

人間にとって、学ぶことは動物にとっての本能と一緒です。人間は、動物としての本能を失った代わりに、「学ぶ力」と「習慣の力」を手に入れました。

学ぶことによって、正しい方向に成長することができるようになります。学ぶことによって、環境の変化に応じて、自分自身を機敏に変化させていくことができるようになります。

一番効果的かつ効率的に学ぶ方法は、少しでも多くの「良書」と呼ばれる本に接することです。関心事と問題意識、そして目的意識を明確にして、アンテナの感度を上げていれば、良書を見つけ出すのは簡単です。

良書のなかには、先人の深遠な知恵が膨大に詰まっています。良書に接することで、自分自身の限られた経験ではなく、もっと視野が広くて奥の深い先達の経験、偉大な歴史から学ぶことができるようになるのです。

その著者のセミナーや講演会に参加する機会があれば、志を持った人たちから直接学ぶこともできるので一層効果的です。

こうして良書から学んだ知見や知恵をマネして、あなたなりにアレンジしてください。たとえ普遍的な真理であったとしても、100%いまのあなたにピッタリと当てはまるとは限らないので、アレンジすることが大切です。

背景とか理由とかを自分自身で考えつづけることにより、アレンジする能力は身についてきます。

何よりも自分の頭で考えることが最重要です。考えるとは「自分に対して質問しつづける」ということです。問題意識を持ちつづけることにより、初めて疑問を感じることができるようになり、疑問を持つことで初めて質問が生まれてきます。

私も妻も、どん底の節約生活のなかで、お金のかかる娯楽に代えて図書館で本を借りて読みつづけました。お互いに感銘を受けた本を紹介しあい、意見を交わしながら自分で考える力と真偽を見分ける目を養ってきました。

そして、大きな学びを得た本については、極貧生活から脱した後ですべて買いそろえて、何度も読み返しながら自分仕様にアレンジして取り込んできました。

家庭内トラブルを防ぐ「ミッション」と「人生の設計図」

あなたの家計を車にたとえると、妻がドライバー（経営者）となって車（会社）を運転（経営）します。サラリーマンであるあなたは助手席に座り（相談役）、道順やタイムスケジュールをどうするのか妻と相談しながら、二人で同じ目的地を目指します。

そのためには、常にコミュニケーションを取りながら、お互いに共有できる価値観と使命感を見つけなければなりません。そうでなければ、同じ車に乗ることさえもできなくなってしまいます。

そこで、**この世で果たすべき使命「ミッション」が何なのか、人生の目的や志を言語化してください。それこそ社会貢献であったり、家族の幸福であったり、学びであったり、健康であったり、いろいろなバリエーションが考えられるでしょう。それを行動指針という形で言語化できれば完璧です。**

あらかじめこうした手順を踏んでおけば、大きな家庭内トラブルが起きることもなく、力強く安定した家計が維持されつづけます。ゆとりを持って、有意義な人生を心地よく歩みつづけることができるようにもなります。

私たちもこれらを人生の設計図に落とし込んで、夫婦で共有しています。自宅に備えてあるノートのカバーに入れているので、毎日のように目に入るようになっているのです。

お金のソムリエ倶楽部のミッションと行動指針

ミッション

お金のソムリエメソッドを実践し、
お金のソムリエ思考を世の中に浸透させる。

行動指針

貢献：貢献して喜ばれて感謝される。

◎お金のために行動するのではなく、喜んでもらうために行動します。
◎どうすれば、家族や仲間・人様から喜ばれるかを自問し続けます。
◎相手を思いやる気持ちや貢献したい気持ちに素直に行動します。
◎判断基準は常にFor you & For us (Not for me) です。

成長：貢献できるように器を大きくする。

◎多くの人から感謝される人になれるように、成長し続けます。
◎成長するために、Input→Output→Feedbackを回し続けます。
◎自己正当化をせずに、自分に問題がないかに常に目を向け続けます。
◎潜在意識の声（気づき・ひらめき）は、すぐにメモします。

応援：仲間の成長と貢献とを応援する。

◎家族と仲間を誇りに思い、その成長を応援し続けます。
◎依存せずに自立して、その上で相手を応援します。
◎相手を「モノ」ではなく「人」として見て、
「人」を助けたい気持ちを裏切らないようにします。
◎相手を「人」として深く理解するために、聴き役に徹します。

行動：ハウツーよりも在り方と考え方。

◎懸念事項は全て自分に原因があると悟り、自分自身を正していきます。
◎信じず疑わず確認し、自分の頭で考えて、最後に魂で判断します。
◎どう儲けるか (How) ではなく、なぜやるのか (Why) を自問し続けます。
◎公正中立なお金の教育機関の会員として品位ある立ち振る舞いをします。

私だけでなく、主宰するコミュニティー「お金のソムリエ倶楽部」のメンバーもそうやって、人生の目的や価値観などを言語化しています。

それらを、人生の設計図である「夢実現シート」や「夢実現プラン」などに落とし込み、何をいつまでにやるのかを言語化しています。毎日、進捗状況を共有しながら、仲間同士で切磋琢磨して、応援しあっています。そのうえで、3カ月毎にグループコンサルを開いて、お互いに相談やアドバイスをしあっているのです。

ご参考までにお金のソムリエ倶楽部のメンバー全員で共有している価値観と行動指針をご紹介します（170ページ参照）。

経済的自由は「種銭」づくりから始まる

ビジネスのなかには、情報ビジネスのようにわずかな軍資金で始められるものもありますが、物販ビジネスや賃貸ビジネスではそれなりの元手が必要になります。

その元手となる「種銭」をどうやって捻出すればよいのか？

種銭を準備する段階で大切な考え方は、じつはとてもシンプルです。なぜなら、足し算と引き算から成り立っているからです。

要は、財布への「入り」を増やして（足し算）、「出」を少なくする（引き算）。それだけなのです。

考え方自体はこのようにシンプルで簡単なのですが、実践するのが難しい。そこで、ここではポイントとなる考え方をしっかりと押さえておきましょう。

最初に、財布への「入り」を増やす方法からお話ししましょう。

じつは、種銭をつくる段階では、「自分のため」に、時間（労働力）を切り売りするのが一番手っ取り早い方法になります。

なぜなら、収入が安定している上に、働いてからお金をもらえるまでの間にタイムラグがないからです。「他人のため」に貢献しても、当初は収入が不安定な上に、あなたの手許にお金が流れ込んでくるまでの間には大きなタイムラグが発生してしまうので、種銭を貯めにくいのです。

したがって、この段階では夫と妻の共働きが理想的です。

私たちが破産の縁に立たされた際にも、妻は「お金のために」パートやバイトに出て働きました。小さなエンジンが2つあったからこそ、種銭も早く貯まったのです。

次に「出」を少なくする方法です。

出費を抑える特効薬は後ほどお話しする「ざっくり見える家計術」です。

その他、ふるさと納税も上手に活用しましょう。ふるさと納税は寄付金控除といって、地方公共団体などに寄付をした場合に受けられる所得控除です。たとえば1万円寄付すると8000円の所得控除が受けられて実質2000円の負担で済みます。ふるさと納税の返礼品は寄付額の3割以下なので、1万円寄付すると3000円前後のお礼がもらえて、差し引き1000円ほど得をするという計算です。上手に使えば、家計の支出を抑えられて、少しですが種銭を増やせます。

ただし落とし穴もいろいろあるので、予めしっかりシミュレーションしてください。ポイントだけお伝えすると、次の通りです。

- ●やりすぎると損することがあるので、シミュレーションサイトで試算すること。
- ●確定申告不要なサラリーマンなどは、便利なワンストップ特例を活用すること。

●その年の年収と他の所得控除とのバランスを意識しながら寄付を続けること。

次に、現実的にいくらくらい貯めればいいのかについては、何をビジネスの主軸に据えるのか、いつ頃からそれを始めるのかによって、ガラリと変わってきます。したがって、種銭を貯めてから考えるのではなく、あらかじめターゲットを明確に定めておきましょう。

種銭を貯める期間が長すぎると、どこかで必ず息切れしてしまいます。ですから、できるだけ短期間で貯めましょう。1年以内が理想ですが、どんなに長くても3年以内にとどめてください。

私たちの場合も、究極の極貧生活を続けることで最初の1年間で資本金相当額の300万円を貯めることができました。

お金は「源泉徴収」の仕組みで貯めると効率がいい

種銭をつくる段階では、基本的にはサラリーマンとしての給料が柱となります。その際に重宝するのが新NISAや財形貯蓄です。給料の1〜2割程度でしたらムリなく貯められるはずです。私がサラリーマンの頃はつみたて式のNISAがなかったので、約2割を財形貯蓄に回しました。なお、個人型確定拠出年金・iDeCoは60歳まで引き出しできないので、種銭づくりには向いていません。

なぜ、つみたてNISAや財形貯蓄を活用するかというと、お金はあればあるだけ使ってしまって、なかなか貯まらないからです。これを、「支出の額は収入の額に達するまで膨張する」パーキンソンの第2法則といいます。

なぜ、全部使ってしまって貯まらないのか、その理由をご存じでしょうか？

理由はシンプルで、欲求や欲望のおもむくままにお金を使ってしまっている、からです。人間の欲求には際限がありませんので、物理的なリミッターである「収入の額」まで使いきってしまうのです。

つまり、現実の支出の状況がいつの間にか「支出の額＝欲望を満たすまで」となっているわけです。「支出の額＝必要経費」に抑えることができれば、誰も苦労はしないのですが、ほぼ不可能な芸当です。

この厄介な現象への効果的な処方箋が1つだけあります。それは「天引き」です。効果的かつ確実な方法なので、社会保険料や所得税・住民税といった税金まわりの収納に活用されています。

ご存じ、「源泉徴収」という仕組みです。税金は給料として口座に振り込まれる前に差し引かれていますので、税金を支払っているという実感さえ湧きません。それくらい、あざやかな早業でお金が抜き取られてしまいます。

それと同じ原理を使ってお金を貯める代表的な方法がつみたてNISAや財形貯蓄です。給与口座に振り込まれる前に天引きされてしまいますので、知らず知らずのうちにお金が貯まるという仕組みです。

パーキンソンの第2法則は万有引力の法則と同じように強力な法則です。人間の弱い意思で曲げられるような代物ではありませんので、素直に「天引き」に蓄財をゆだねてしまいましょう。

こうして、**「天引き」という仕組みを活用すれば、「意思の力」を借りずに種銭を貯めることができます。**

「意思の力」とは、この世で一番当てにならないエネルギー源です。一番当てにならないものに、大切なお仕事をゆだねてはいけません。日常生活のなかで「意思の力」を使って節約しようとしても必ず失敗してしまいますし、うまくいったとしても、貯まったお金の100倍のストレスが溜まります。

しかも、寝ても覚めても頭のなかで「節約」というケチケチキーワードが渦巻いてしまうので、せっかくの金持ちマインドが損なわれてしまいます。そうなっては、元も子もありません。

私も「天引き」の仕組みにはお世話になりました。株の損失を埋めるために一度は全額引き出して流用せざるをえませんでしたが、その後は心機一転、給料の2割を天引きしつづけてきました。

ざっくり「見える化」するとお金が増えはじめる

天引きの力を借りて収入の1〜2割を貯めつつ、これまで通りの出費を続けていては、いずれお金が足りなくなります。天引きを続けるためにも、「出費」を減らす工夫をしなければなりません。

その際のポイントは、目に見えないお金の流れを「ざっくり見える化」することです。これを、「ざっくり見える家計術」といいます。エッセンスをまとめると、次の5つに集約されます。

1つ目は、夫婦の財布（家計）を1つにすること。財布が2つだと、世帯全体のお金の流れが見えなくなるからです。1つにまとめれば、どっちの財布から支払うか悩みません。「不自由なのはイヤ」「不公平はイヤ」「安心がほしい」と思われるかもしれませんが、すべて解決できます。

2つ目は、夫と妻のどっちかが財布を握るのではなく、「家族会議」に財布を握らせることです。そうすると、夫の目にも妻の目にも、お金の流れが「ざっくり見える化」されるからです。使途不明金も発生しなくなるし、無駄遣いも起きません。財布を押さえたほうが実権を握りますが、それも避けられます。

3つ目は、家計簿をつけないことです。どうせ長続きしません。お金の流れは「ざっくり見える化」すれば十分なので簡略化しましょう。「家計簿アプリ」「袋分け家計術」「レシート貼るだけ家計簿」のいずれか1つで十分です。

4つ目は、「生活費」「あそ費」「おこづかい」「特別費」という目的別で管理すること。「あそ費」とは家族の楽しみと成長のための出費です。家計の費目は「何に使うのか？」という「使い道別（What）」で分けるのが常識ですが、常識通りに20個以上の費目に仕分けしても出費は減りません。それより「なぜ使うのか？」という「目的別（Why）」で、ざっくり分けてください。お小遣いも世帯収入の2割にして、お互いに干渉しないようにしましょう。

5つ目は、「固定費」と「変動費」とで、管理方法を変えることです。これについては、次の節で詳しくお話しします。

生活水準を下げなくても節約できる方法

出費は「固定費」と「変動費」の2種類に分けることもできます。
「一定の金額が毎月天引きされる支出」が固定費、「ぜいたくの度合いによって毎月変化する支出」が変動費です。

「固定費」を減らす場合、最初だけ「出費削減の工夫」が必要になりますが、一旦削減してしまえば後は放ったらかしでOKです。あなたの「意思の力」は不要です。

ところが、「変動費」を減らす場合には、常にあなたの「意思の力」でコントロールしなければなりません。毎日毎日念仏を唱えるように「節約！　節約！」とブツブツとつぶやきながら、生活を切り詰めていかないと変動費は減らないのです。「修行僧のような血のにじむような努力」が必要になるのです。ずぼらな私などには絶対にムリな芸当です。

そこで、まずは固定費を集中的に削減します。最初に一度だけあぶり出して削ることができれば、後は毎月自動的に「最低限必要な出費」だけで納まるようになります。

ちなみに、減らせる余地がある「固定費」の代表格は「住宅費」「通信費」「保険代」などです。こうした出費を中心に1つずつたんねんにムダを洗い出してください。1回だけやれば大丈夫です。

最難関の固定費は住宅費です。人生の三大支出の一つで、生涯支出のなかで税金・社会保険料に次ぐ2番目に大きな出費です。「購入と賃貸ではどっちが得か？」という論争が有名ですが、いいとこ取りしましょう。ライフスタイルが激変する子育て中はプライベートカンパニー経由で賃貸に住み、夫婦二人のライフスタイルが定着してから、プライベートカンパニーに終《つい》の住み処を買ってもらいます。

通信費の主役はスマホです。災害時や緊急時など、ネットが使えるので重宝します。ただ、オプション機能は不要です。新規契約の際には、有料オプションが必ず付いてきますので解約しましょう。また、格安ＳＩＭでも大手キャリアに引けを取りません。プランも少しずつ改善されているので、数年に一度は見直しましょう。

日本は公的な健康保険制度が万全なので、医療保険はなくても大丈夫。とはいえ、高齢化の進展とともに自己負担率も増加傾向にあるので、最低限の掛け捨て「終身払い」医療保険は安心材料です。その場合でも、カタカナ（ひらがな）名の保険会社一択です。また、貯蓄型保険はお金をドブに捨てるようなものなので、入らないでください。

その他、マイカーも賛否が割れますが、都市圏以外では生活必需品です。ただ、三大都市圏にお住まいの方は、マイカーよりも住宅費を優先するほうが合理的です。私も思い切って愛車を処分したらスッキリしました。公共交通機関があれば車がなくても平気ですし、お買い物は自転車で十分です。ドライブしたいときは1日3000円の格安レンタカーで足りるので、不便は感じませんでした。

固定費の削減はとにかく効果絶大です。アトランタ在住の皐月《さつき》かなえさんは、固定費削減を最初に徹底。ポイカツと海外資産運用も組み合わせながら、結婚時マイナス500万円だった資産を、9年間で4000万円にまで増やしました。

効果的な節約は〝風呂上がりのビール〟と同じ発想で行う

さて、問題は「変動費」の削減です。「意思の力」を使って出費を削減するのは事実上困難です。とはいえ、「変動費」をコントロールする術《すべ》がまったくないわけではありません。

キーワードは「習慣」です。「意思の力」の代わりに「習慣の力」を借りてくるのです。習慣の力は、パーキンソンの第2法則に対抗できる唯一の力です。

人間は動物に備わっていた本能の多くを失ってしまいましたが、その代わりにいくつかの素晴らしい能力を手に入れてきました。それは、「学ぶ力」と「習慣」というスゴ技です。これらのスゴ技を活かして、人類は文明を築き、文化や技術を高めてきました。

そして、この2つのスゴ技の片割れである「習慣」を飼い慣らすことができれば、あなたはいとも簡単に「変動費」をコントロールすることができるようになります。

「人間は習慣の動物である」というフレーズ、聞いたことがありますよね？

この習慣という万能ツールを使いこなせれば、変動費の削減どころか、健康・運動・勉強などあらゆる難題をコントロールすることができるようになります。

森羅万象の例にもれず、習慣にも「良い習慣」と「悪い習慣」とがあります。

たとえば、悪い習慣としてよく引き合いに出されるのが「ラテマネー」ですね。1杯あたり数百円のカフェラテのような小さな出費であっても、積もり積もれば大きな出費に化けてしまう、という戒めとして引用されます。そこで、こうした悪い習慣をやめることから、始めてみましょう。


もちろん、快楽をもたらしてくれることをやめることには、痛みが伴います。ムリをすると失敗しますので、いっぺんに変えようとせずに、一粒一粒、米粒を潰すように変えていかなければなりません。

その際に、1つだけ「絶対にやってはいけないこと」があります。それは「その悪い習慣を単にやめてしまうこと」です。単にやめてしまうだけでは、やめた場所に空白が生まれてしまいます。空白ができてしまうと、根性なしの私たちは必ずその空白を埋めたくなります。そこに新たな悪い習慣が入り込むか、さもなくば元の悪い習慣が出戻ってくるのがオチなのです。

そこで、その代わりに、よい習慣を埋め込んでしまいましょう。**悪い習慣をやめる一番効果的な方法は、別のよい習慣で「上書き」することに尽きます。**

具体例で見てみましょう。たとえば、風呂上がりにはビールが欠かせないというあなた。発泡酒や第三のビールでも500ml缶は150円以上しますし、糖質とかプリン体とかいう余計な副産物もくっついてきます。しかも、アルコールは体から水分を奪い取るので、飲めば飲むほど喉が渇きます。

そこで、風呂上がりのビールという気持ちいい習慣をやめるために、別の気持ちいい習慣で上書きをするのです。風呂上がりは水分が不足して喉が渇くので、要は喉の渇きを癒やすさっぱりとした刺激のある飲み物があれば十分なのです。

一番効果的なのは、ウィルキンソンタンサンレモンやサントリー天然水スパークリングレモンのようなレモン風味の無糖炭酸水です。風呂上がりの炭酸水は刺激的で無茶苦茶ウマイ！　これを続けると、いつの間にか、ビールを飲まなくても済むようになってしまいます。出費も半分に減りますし、ポッコリお腹もへこみます。私自身も、炭酸水のおかげで風呂上がりのビールという悪い習慣から抜け出すことができました。旧版にこれを書いた当時、炭酸水をそのまま飲む習慣が日本ではあまり定着していませんでしたが、いまではすっかり市民権を得ています。

どうして利益があがらないほうがお金は増えるんだろう？

どんなに世の中に貢献して、感謝の気持ちであるお金が流れ込んできたとしても、財布に穴が開いているとこぼれ落ちていきます。そうならないようにするためにも、初歩レベルでかまいませんので会計の基礎は学んでおきましょう。

会計について初歩的な理解があるだけで、あなたの資産は加速度的に増えていきます。

たとえば、私たちが財務や会計から学んだ収穫の1つに「利益があがらないほうがお金が増える」という不思議な現象があります。

「利益があがらないほうがお金が増える」のはなぜなのか、あなたはご存じですか？

答えは、利益とは課税のための方便にすぎないから。利益が出なければ税金もかかりません。税金がかからなければお金は財布から逃げていきません。これとは逆に、利益があがってしまうと、税金という名目でお金があなたの財布から逃げていってしまいます。

そして、すごいのはここからです。**利益が0円であっても、あなたの財布にはお金が流れ込んでくる**のです。

不思議だと思いませんか？

会計のイロハを知ることで、その不可思議な現象を理解できるようになるのです。

車を運転するには運転免許証が必要です。同じように、資本主義経済の社会で生きていくための免許証が「会計の基礎を知ること」なのです。

こうした基本も良書といわれる本から簡単に学ぶことができます。

投資用に家を買う人、自分のために別荘を買う人

お金の本質に気づいたうえで会計のイロハを学ぶと、「出費」1つを例に取っても面白いようにお金の流れが見えるようになります。

出費について、もう少し詳しく見てみましょう。出費、すなわちお金の使い方は、投資と消費と浪費の3つに分けることができます。

この3つの出費の違いと特徴を理解できていないと、「死に金」ばかり増えてしまい、せっかくの「感謝の気持ちとしてのお金」をムダに垂れ流しつづけることになってしまいます。

一般的には、「価値>支出」となる場合が投資、「価値＝支出」となる場合が消費、「価値<支出」となる場合が浪費、と分けるケースが多いようです。

しかし、私の場合には、「お金とは感謝の気持ち」だと気づいたおかげで、次のように考えられるようになりました。

●投資とは、他人の役に立つことにお金を使うこと。
●消費とは、自分のためにお金を使うこと。
●浪費とは、誰の役にも立たないことにお金を使うこと。

どういうことなのか、それぞれについて、具体的に見てみましょう。

まず、投資とは、文字通り「資金を投じる」ことですので、あなたのお金は、あなたの手許から一旦離れていきます。あなたのもとを離れて、他人のもとで、他人の役に立つ働きをして、しばらくたってから再びあなたのもとに帰ってくるわけです。

他人の役に立つことによりあなたは感謝されますので、そのお金は「感謝の気持ちとしてのお金」を引き連れて帰ってくるというわけです。お金がお金を生む状態、お金を働かせる状態です。

ところが、消費の場合には、あなたは自分自身のためにお金を使う、つまり「費やして消す」わけです。あなたが欲しい物や欲しいサービスを他人から提供いただいて、そのお礼として「感謝の気持ちとしてのお金」を相手に渡すわけです。当然、お金は消えてなくなります。その代わり、あなたは欲しかった物やサービスを手に入れることができましたので、満足感は残ります。

これに対して、**浪費の場合には、出費したお金が他人の役に立つこともなければ、あなたの役に立つこともありません。誰にも感謝されない以上「感謝の気持ちとしてのお金」は戻ってきません。それどころか、あなたの役に立つ物やサービスさえも手に入らないの**です。

イメージしやすいように、「家」を例にとって考えてみましょう。

「家」を活用した「投資」の代表例が、他人に役立ててもらうために「家」を買う、という大家業です。高価な住居を長期間にわたって他人のために提供しますので、入居者からは「感謝の気持ちとしてのお金」を家賃としていただくことになります。

一方、「家」を「消費」する代表例がマイホームです。マイホームは自分自身のためのものです。誰からも「感謝の気持ちとしてのお金」である家賃をいただけませんが、その家はあなたの住居として役に立ってくれます。

これに対して、誰の役にも立たない「浪費」としての「家」の典型例が別荘です。別荘からは「感謝の気持ちとしてのお金」である家賃は手に入りません。また、あなたにはすでに本宅があるのですから、別荘があなたの役に立つ場面は限られてきます。

私たちが生きていくうえでは、まずは消費が基本になります。それが満たされた段階で、他人様の役に立つ投資のレベルへと移行します。

私たちに必要なのは、消費と投資のみなのです。

妻を説得できずに困っている人へ

プライベートカンパニーは、マイホームやマイカーと違って目に見えません。

私たちは、目に見えるものに対しては「一生に一度の買い物だ！」と言いながら思い切って大金をつぎ込むことをいといません。どんなに高額な商品であっても、具体的に目に見えるから、安心してしまうのでしょう。

その一方で、どんなに価値があるものであっても、目に見えないものには意外なほどお金をかけません。

よく引き合いに出される例が情報です。価値ある情報なのに、これをタダだと思っている人がいかに多いことか……。

無形文化や、信頼とか信用、そして友情とか愛だってお金に代えられない価値があるはずです。

価値があるにもかかわらず、目に見えないというだけで、なぜお金をかけられなくなるのか?

答えはシンプルで、「わからないこと」や「見えないもの」に不安を感じるからです。「見えないもの」にお金をかけるには、勇気がいるものです。

でも、お気づきの通り、見えないものにこそじつは一番価値があります。

「プライベートカンパニー」も例外ではありません。「プライベートカンパニー」という目に見えない器1つで、妻の才能が開花して経済的に自由になり、結果的に「老後や将来への不安」という人生最大の不安を一掃することができるようになるのです。
しかも、法人そのものは目に見えませんが、法人がどれだけ家庭に貢献したかは通帳と決算書を通してはっきりと見えます。二人の財布にお金が貯まることを通じて実感もできます。

そのことに気づいた多くの方が、すでにプライベートカンパニーをつくって、家族と家族の未来を守り始めています。私もその一人です。
後は、家族を思う深い愛情さえあれば、行動に移せるはずです。

設立費用の7万円が高いと思われる方は、ぜひマイカーの取得費や維持費と比較してみてください。通信費や保険の掛金とも比較してみてください。そして、プライベートカンパニーがこれらの出費を肩代わりしてくれるということを想像してみてください。プライベートカンパニー1つで、家族の資産と幸福が育まれ、未来へとつながっていくことに思いをはせてください。

敷居が高いと感じる方は、ご近所のお店のご主人や奥様のお顔を思い浮かべてください。その商店のうち2軒に1軒は法人ですから、ご主人か奥様が社長です。彼らにも簡単にできることが、あなたにだけできないって思いますか？　そんなことないですよね？

私の妻も最初は反対しました。

「取り返しのつかない失敗をしたばかりなのに、なぜ素人の私たちが法人を作って事業を手がけるリスクを背負わなければならないの？　ただでさえ借金返済のためにお金が必要なのに、法人の設立維持費用を一体どこからひねり出すつもりなの？」

こんな鋭い突っ込みに、私も最初はタジタジでした。

もちろん、本書でお話ししてきた内容について、じっくりと妻に説明しました。そうするうちに、一番最後まで妻に残っていた「わだかまり」が、漠然とした不安感、つまり感情だということに気づいたのです。

不安を払拭してあげられる特効薬は、動機と根気、熱意と愛情です。

そこで私は、熱意を持って根気よく妻を諭しました。「妻を幸せにしたい」という動機と愛情とを前面に押し出しました。

そして、夢実現シートに二人の将来の姿を描きながら、イメージを二人で共有できるようにしたのです。ゴーサインが出たのは半年後でした。

だからもし、**あなたの伴侶が反対された場合には、まずはこの本を読んでもらってください。もしくはさりげなく、目につく場所にこの本をおいてください。**

読んでもらったうえで、なぜそうしたいのかを打ち明けて、お互いにイメージを共有できるようになるまで、気長に根気よく説得を続けてみてください。

あなたの思いは、きっと通じるはずです。

第5章

ビジネスの見つけ方・はじめ方・伸ばし方

副業禁止に違反しない「副業ごっこ」から始めよう

序章およびここからが、旧版以降の10年間で新たに蓄積された主な増補部分です。私自身が学んで実践して自分の手でもぎ取った知恵だけでなく、読者さんや受講生さんから受け取ったフィードバックのなかからも厳選しました。

プライベートカンパニーは妻社長メソッドに欠かせませんが、すぐにつくる必要はありません。ムリせずお試しから始めましょう。

ビジネスはざっくりと、入門・初級・中級・上級・特殊の5つにわけられます。入門レベルなら、誰でもできます。すでに持っているモノやスキルを活かすので、お金も時間もかかりません。

この段階の副収入は300万円以下のことが多いので、通常は雑所得となります。雑所得であれば副業未満です。それゆえ「副業ごっこ」といいます。

本業に差し障りがあったり、会社の信用を損ねたり、企業秘密を漏らしたりしない限り、「副業ごっこ」が就業規則違反になることはありません。しばらくは「副業ごっこ」を続けながら、自分にあったビジネスを探しましょう。

確定申告が必要になったら「副業ごっこ」を卒業しよう

たとえば副収入が200万円の副業ごっこなら通常は雑所得で、しかも儲けが20万円以下になる可能性が高いので、その場合には所得税の確定申告さえも不要です。

このレベルではプライベートカンパニーもいりません。副収入が事業所得や不動産所得になる前年に準備すれば、十分間に合います。

500万〜800万円になってからという人もいますが、それは個人事業主が法人成りする場合の話。サラリーマンは給与所得と合算されて課税されるので、そこまで放置すると税金と社会保険料が莫大になります。会社にバレたり就業規則違反になる事態を避けるためにも先手を打ちましょう。

住民税の均等割が毎年7万円かかりますが、雑所得レベルでも青色申告による節税がで

きるなど、メリットが上回ります。

もちろん専業主婦の妻の個人事業にできる場合は、そのかぎりではありません。ただし、扶養控除や社会保険などがからんできますので、しっかりと試算してください。

お勧めは物販ビジネス・賃貸ビジネス・情報ビジネスの3つ

取り組んでいいビジネスは「稼げるライフワーク」のみです。「稼げるライフワーク」とは、お金を稼げるうえに、夢中に感じる「やりたいこと」、もしくは使命を感じる「やるべきこと」。具体的には**「物販ビジネス」「賃貸ビジネス」「情報ビジネス」の3つしかありません。**それ以外の「超高難度のビジネス」「ハイリスクビジネス」「労働集約型ビジネス」は除外します。まずは入門レベルから試しましょう（201ページ参照）。

物販入門はネットフリマやネットオークション。賃貸入門は駐車スペースのシェアや自宅をシェアする民泊など。情報入門はスポットでのコンサルティング、スキルシェアやインストラクターなどです。

試すべきビジネス、試してはいけないビジネス

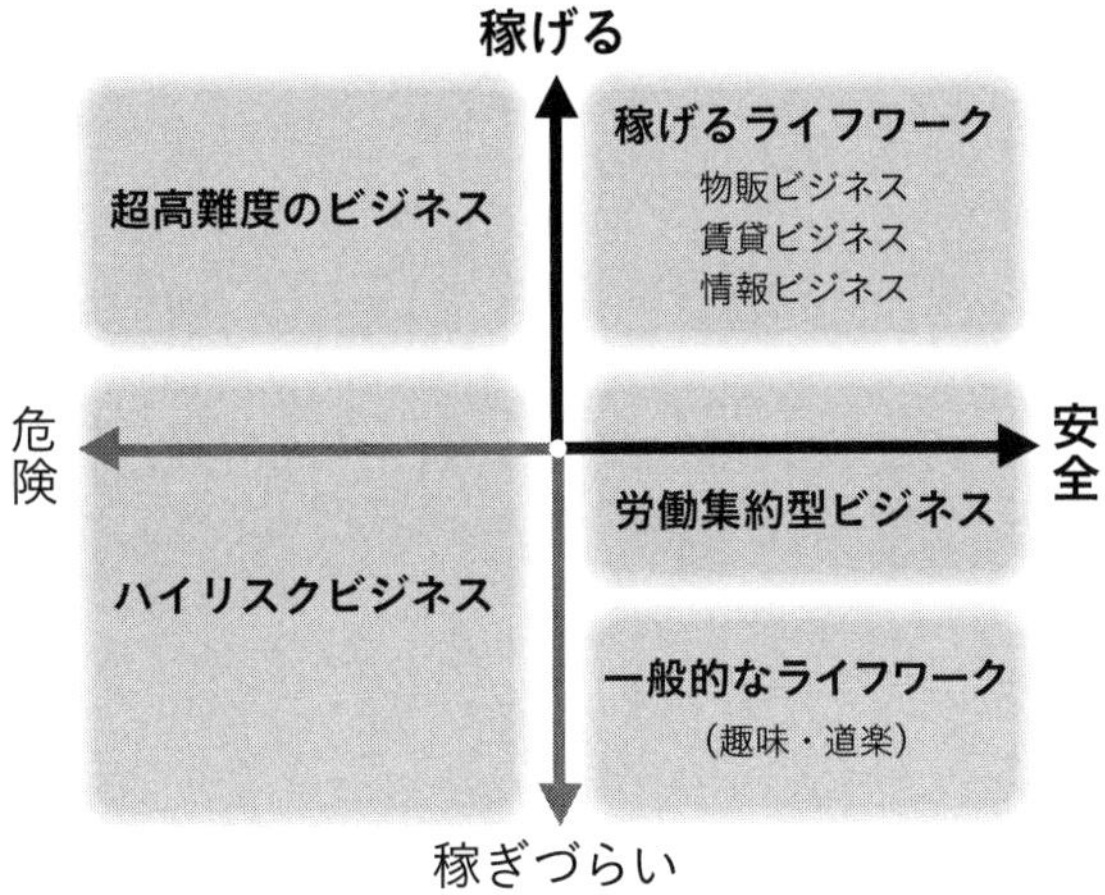

共通点は、すでに持っているモノやスキルを流用すること。お金がかからないのでノーリスクです。

特に物販は簡単です。特別なスキルや知識がなくても試せるので、誰でもすぐできます。

試すには1～3カ月かかりますが、あっという間です。試して失敗するほど、経験値があがります。失敗こそが財産になるということ。やってみて初めて気づくことのほうが圧倒的に多いのです。試行錯誤を続けるうちに、徐々にコツがつかめます。

一通り試したら、長続きしそうなカテゴリを選んで、初級レベルに挑戦しま

しょう。

物販初級はハンドメイドや転売など。賃貸初級は中古戸建てや中古ワンルームの賃貸など。情報初級はコンサルタント、ビジネス代行、カウンセラーなどです。

初級レベルの共通点は、関連本を3冊以上読んで知識やスキルを学ぶ必要がある点です。賃貸や情報ビジネスは初級でも難易度があがるので、セミナーも活用しましょう。

次が中級レベルです。

物販中級はクラウドファンディングや輸入販売。賃貸中級は中古アパート賃貸。情報中級は講師やコンテンツホルダーなどです。

中級になると独学が難しいので、セミナーで学ぶのが一般的です。試行錯誤に時間と労力をかけるより、時間とスキルと安心を、お金で買うほうが効率的です。

私たちが副業を始めたときは、いきなり中古アパートの賃貸から始めました。大家業で一番大切なスキルは事業計画と資金繰りと借入のスキルです。銀行員にとっては初歩のスキルなので、中級レベルでも大丈夫でした。とはいえ、落とし穴もたくさんあるので、セミナーでしっかりと学びました。

銀行員でなくても、セミナーでしっかり学べば、難しいことはありません。たとえば茨城県在住の広篤《ひろあつ》さんは、2023年の夏に学んだ後、不動産の投資環境が厳しいなかでも年末には家賃収入180万円のアパートオーナーになっています。さらにその2カ月後には、グループホーム用の物件まで取得が確定しました。

ヒトの体は食べたモノでできていますので、質のよい食事が大切です。同じように、ヒトの頭は学んだコトでできているので、質のよい学びも大切なのです。

とはいえ、どんなセミナーがよいかは個別性が強いし、その時々で変化します。私もよくわからなかったので、これまで数百回のセミナーに参加し、学びに数千万円相当を投資してきました。そんな経験から気づいたポイントのうち、大切な5項目をご紹介します。

10年以上続いているメソッドは本物

1つ目は、10年以上続いていること。 ビジネスや副業にも、トレンドや流行りすたりがあります。私が妻社長メソッドを教え始めた頃のセミナーの大半はすでにありません。ところが良質なメソッドは、トレンドに関係なく長続きします。残っているメソッドは、本質をしっかり押さえたものばかりです。

10年も経つと、前田出先生が提唱された新・家元制度やレノン・リー先生の武学などのように、後継者に代替わりしているケースも多いのですが、10年生き残っているメソッドは、本物だと思ってよいでしょう。

無名な人の有名なメソッドには再現性がある

2つ目は、再現性があるメソッドです。セミナーには、カリスマ性のある有名人が主宰する場合と、メソッドに再現性があって人が集まる場合があります。

主宰者にカリスマ性がある場合は、内容よりも主宰者がすごいケースが大半です。その人に天賦の才能があるからすごい成果が出るということ。それゆえ、その人から直接学べても、マネできるとは限りません。

主宰者に才能がなくても、メソッドに再現性があれば誰でもマネできます。だから誰でも先生として教えられる。たとえば、考案者のお弟子さんが教えているセミナーは、お弟子さんにもできるのですから再現性があります。

メソッドを考えた人は無名なのに、その人の本やメソッドが有名な場合も、再現性があります。

お金の流れを見れば、本当のお客様が誰かわかる

3つ目は、お金の流れです。受講料だけで運営しているセミナーを選びましょう。なぜなら、お金を払う人だけが本当のお客様になれるからです。

たとえば生命保険代理店の仕組みを見ると、よくわかります。お店を訪ねれば相談に乗ってもらえ、複数の保険会社の商品からお勧めを選んでくれます。あなたの感覚では、

お客様である自分にベストな保険を選んでくれるに決まっている、と思うでしょう。
でも、代理店にお金を払うのはあなたではなく保険会社です。したがって、代理店の立場に立てばお金を払う保険会社こそがお客様であって、あなたはお客様ではありません。保険会社に提供する仕入れ商品でしかないのです。保険会社がお客様である以上、保険会社のために最善を尽くすのが当たり前です。

セミナーも同じです。金融商品や不動産、業者さんを紹介された経験はありませんか?そのとき裏でキックバックが発生しています。大金が動けばキックバックも多額になり業者さんがお客様になるのです。これを利益相反といいます。すべてではありませんが、用心するに越したことはありません。

アウトプットとフィードバックと応援の場があれば本物

4つ目は、フォロー体制です。アウトプットできる仕組み、フィードバックを受ける環境、応援しあえる場の3つが整っていたら本物です。インプット→アウトプット→フィードバックを何度も繰り返して、続けられて初めてスキルが身につくからです。

子どもの頃の習い事や授業を思い出してください。聴くだけでなく、ドリルを解いたり書き取りしたり手足を動かしては、体で覚えませんでしたか。インプットだけでは身につかないからです。ヒトは、アウトプットして初めて理解できるのです。

本で読んで実践する人は1%未満だそうです。セミナーも同じでインプットだけでは効果が出ません。アウトプットできなければ、お金を払って受ける意味がないのです。

フィードバックを受けられる環境も必須です。自分には、自分のいい点と足りない点が見えません。第三者からフィードバックを受けて初めて上達するのです。

お互いに応援しあえる場も欠かせません。ヒトの意思は弱くモチベーションがもたないので、応援しあえる仲間がいる場がないと続きません。それがコミュニティーです。

受講後もフォローしてもらえて、価値観や関心事を共有できるコミュニティーがあるメソッドであれば本物です。

メソッドが本物か否かは時間でも見分けられる

5つ目は時間です。これも昔を思い出してください。数時間で習得できる科目や習い事はありましたか？　どんなに優秀な人でも、数時間では習得できなかったと思います。

例えば英語も国語も数学も、中学1年生の学習時間は140時間です。家で復習して塾に通って、試験勉強もして、やっと中学1年生レベルになれる。1〜2時間で習得できるわけがありません。

セミナーも同じです。1〜2時間のセミナーを1回受けるだけでは、ほとんど効果がありません。効果がなければ、安物買いの銭失いになります。

銀行員の頃、残業が毎月100時間を超えて週末に持ち帰り、自分の時間がありませんでした。それでもスキマ時間に、ロバート・キヨサキさんや神田昌典さんなどいろいろな分野のオーディオプログラムを聴きました。

一番短いドルフ・デ・ルース博士の不動産投資大学で7時間、一番長いジェームズ・スキナーさんの成功研究会は30時間です。何度も聴いてやっと腑に落ちました。良質で良心的なメソッドほど、時間がかかるものです。

良質だと感じたセミナーの9割は、1時間あたり単価が5000円以上でした。長時間セミナーだと数十万円になるので、私も判断に迷いました。

でもいまは、フロントセミナーという短時間のお試しセミナーで概略がわかります。体験会や説明会、入門セミナーのような名前のセミナーがそれです。

そこでまずはフロントセミナーを覗いてみましょう。そうすれば、5つのポイントも見えてきます。雰囲気や参加者の質、講師の人柄や人間性もわかります。

あらゆるビジネスの行き着く先は三方よしの情報ビジネス

私たちにとっては大家業が初めてのビジネスでした。それゆえ旧版（第1章〜第4章）では、大家業を例にとって解説しました。セミリタイアするとしても大家業が本業になると、当時は思っていました。

ところが実際には、大家業は副業のままで、講師業や執筆業などの情報ビジネスが本業になりました。私が「やりたいこと」は、「貢献した人が裕福になれるように、執筆やセミナーを通じて情報発信すること」だと気づいたからです。大家業そのものよりも、大家業のノウハウを教えるほうが楽しかった。銀行員でしたから、銀行借入のコツや裏技を教えることもできます。銀行や金融商品の裏事情にも精通しているので、貯まったお金を減らさずに運用するコツも伝授できます。

そこで、講師としてセミナーを教える方法を学ぶため、講師養成のセミナーに1年かけて通い実践しました。2年後には、私の後継者となる講師を育てるため、新・家元制度のセミナーに通ってコミュニティーに所属。どちらも1時間あたり約2万円と高額でしたが、この2つのプログラムとセミナー仲間のおかげで、情報ビジネスを本業に据えて独立することができたのです。

セミナー仲間を見ていて気づいたことがあります。**大家業を選んだ人も、輸入ビジネスを選んだ人も、最後に行き着く先は情報ビジネスだった**のです。理由は3つあります。

1つ目は、一杯目のビールは美味しいけど、二杯目のビールは普通になるのと同じ現象が起きるからです。

たとえば海外のメーカーと契約して、日本国内で独占販売できたとしましょう。最初のうちはよいのですが、商品点数を増やすと倉庫での保管や流通などの手間暇がかかるし、2つ目以降の商品がヒットしないリスクもあり旨味がなくなるのです。

そこで独占輸入のアドバイザーになって、やり方を教える情報ビジネスに転身する人が大勢います。私の知人にも、独占輸入の秘訣を教える受講料数百万円のセミナーをしている人がいます。私も妻と一緒に学んで、パリの展示会に同行して実践しましたが、理にかなった身の振り方だと思いました。「三方よし」に当てはめると「売り手よし」です。

2つ目は、魚を売るよりも釣り方を教えるほうが相手のためになるのと同じ理由です。相手が必要とするモノは、売ってあげるのが手っ取り早い。一度だけならそれでもいいのですが、ずっと必要になるモノなら、自力で直接手に入れる方法を教えるほうが、もっと親切です。「三方よし」に当てはめると「買い手よし」です。

3つ目は、やり方を学んで自力で稼げる人が増えると経済全体が活性化するからです。一部の人だけが情報やスキルを独占するよりも、多くの人にシェアしたほうがいいに決まっています。「三方よし」に当てはめると「世間よし」です。

情報ビジネスはこのように、「売り手よし、買い手よし、世間よし」という「三方よし」を実現できる。それゆえどのビジネスを選んでも、最後は誰かに教えて、後進を育てる道を歩むようになります。

そんな背景もあるからなのか、会社をやめて独立する人で一番多い仕事が、コンサルティングのような情報ビジネスです。

スポーツ選手が現役引退後にコーチや監督になったり、少年チームの指導者になったり、解説者になるのも同じ理由からです。

そこでここからは、私自身が情報ビジネスを実践してきた10年間の経験から得られた知恵をご紹介します。

コンテンツ×コンサルティング×集客×ブランディングを掛け算する

情報ビジネスは、「コンテンツ」「コンサルティング」「集客」「ブランディング」の四要素からできています。この四要素がそろえば、価格設定を間違えない限り成功します。

コンテンツとは、情報やノウハウの中身を言語化したり映像化した教材です。誰もが最初は、自分のノウハウをコンテンツ化しようと考えます。再現性あるレベルまで言語化できれば、ブログやメルマガを書けるし、SNSで発信できます。体系化すればセミナーも開けるし、書籍化も夢ではありません。

次がコンサルティングです。コンテンツ通りにやっても普通は失敗するからです。言語化できない知識（暗黙知）も多いので、コンテンツだけでは伝わりません。そこで、コンテンツ試行錯誤を続ければいずれできますが、時間とお金がかかります。そこで、コンテンツを提供しながらコンサルティングするわけです。

3つ目が集客（販売）です。すでにお客さんがいる人は、コンテンツとコンサルティングだけで情報ビジネスは完結します。過去の人脈をそのまま活かせる人が典型例です。でも、普通は顧客0からのスタートです。集客できなければ、どんなに素晴らしいコンテンツも、日の目を見ることはありません。

闇雲な営業は非効率的ですから、マーケティングと宣伝（セールス）は必須です。本当に必要な人の手許に、ピンポイントで届けられるように、マーケットを分析して、見込み客に向けて口コミや、ブログやメルマガやFacebook広告などを活用しながらセールスするわけです。

無名の個人は巨人の肩に乗りなさい

しかしセールスだけでは信じてもらえません。そこで4つ目のブランディングが登場します。情報はモノと違って目に見えないので、モノ以上にブランド力が大切なのです。

とはいえ、本を出版するか、マスコミに取材される幸運に恵まれない限り、ブランディングは難しい。

無名の個人の場合、選択肢は1つ。「巨人の肩に乗る」ことです。

似たノウハウはいくらでもあります。そこで、**有名なメソッドに便乗します。有名なメ**

ソッドはブランディング済みですし、再現性もあります。そこに乗っかるのです。

商品とコンテンツは自分でつくらずに仕入れなさい

ブランディングと並んで難しいのが、実はコンテンツの制作です。

音楽も漫画も小説もヒットするのは一握りです。情報ビジネスのコンテンツも同じこと。なぜなら、似たような良質なコンテンツがたくさんあるから。

それゆえ、すでにある良質なコンテンツを拝借するのが、一番手っ取り早いのです。


情報ビジネスだけではなく、すべてのビジネスにあてはまります。

物販ではハンドメイドを除いて、すでにある製品を仕入れるか、メーカーに発注しますよね。工場を建てて自分でつくる人はいません。

賃貸ビジネスで家を賃貸するときも、自分で建てる人はいません。

情報ビジネスも同じです。レストランも小売業もサービス業も、フランチャイズ化が進んでいますが、同じような発想です。すべてを自分一人でやる必要はないのです。

そこでまずは、「コンサルティング」と「集客」の2つに専念してみてはいかがでしょうか。情報ビジネスに取り組む場合、それが王道であり一番の近道です。

「ブランディング」された「コンテンツ」はいっぱいあります。それを拝借して、「集客」と「コンサルティング」に徹するのです。

典型例は、あなたの得意なビジネス、あるいは奥さんの趣味や関心のある分野で認定講師を育成している協会を見つけて、その肩に乗っかって、認定講師の資格を取る方法です。するとと協会の「ブランド力」と「コンテンツ」を自分のものとして使えるようになります。それどころか「コンサルティング」と「集客」のやり方まで教えてもらえます。

私もいろいろな協会を見てきましたが、ほとんどの協会は男性よりも女性の認定講師のほうが多い。つまり、妻社長メソッドとの相性が抜群なのです。

奥さんの趣味を活かせる協会が見つかれば、奥さんの「稼げるライフワーク」も見つかります。ビジネス系の協会なら、あなたのスキルも活かせます。

趣味や得意なビジネスを活かせるのなら、コンサルティングは慣れの問題。それゆえ、あとは集客です。集客の9割はファンづくりですが、信頼関係の構築が必要なので、それなりに時間がかかります。その意味で長時間モチベーションを維持できそうな、価値観や関心事が妻や自分にぴったり合った協会を選ぶことが大切です。価値観や関心事がフィットしていれば、自分事として取り組めますし、それだけで自己実現できます。お金はいずれ後からついてきます。

なお、情報ビジネスの四要素をすべて揃えられた人は、自ら協会を立ち上げて認定講師を育てることができます。ただ実際にやってみた私の感覚では、一般的な起業よりも難易度が高いと感じました。確固たる理念がない限り長続きしません。特にお金儲けには向かないので、協会を設立した有名講師の多くは元のセミナービジネスに戻っていきました。したがって、強い信念を持っている方以外は、セミナー講師やコンサルタントになることをお勧めします。

私の場合には、妻社長メソッド（お金のソムリエメソッド）を広めるのが使命だと信じているので続けていますが、共感できる協会があれば自分で立ち上げるよりも便乗するほうがずっと簡単です。気楽に楽しむほうが性に合っているという人にも、認定講師になって便乗する方法をお勧めします。

認定講師になって教えることは、公務員でも副業にあたらない

ほとんどの協会は非営利法人なので、認定講師になって教えても、営利活動にはあたりません。公務員でも認定講師になれるということ。

私は30年近い銀行員生活を通じてさまざまな職業の人を見てきましたし、20年近い副業経験のなかでいろいろな副業を見てきました。

そこで気づいたことは、**公務員は非営利法人である協会に所属して、講師の先生になって教える副業に向いている**ということです。

もちろん、個別性が強いので人それぞれです。

とはいえ、一考の価値はあるかと思います。実際に、勤務先の許可を得て、非営利法人であるお金のソムリエ協会の認定講師になった独立行政法人のみなし公務員もいます。

協会を立ち上げる人の9割は、お金儲けよりも価値観や関心事の実現を優先します。価値観や関心事が同じ仲間と一緒に協力しあったほうが楽しいし、幸せだからです。自分ひとりだけでセミナーを開くほうが3倍儲かるので、お金儲けが主目的の人は協会をつくり

ません。

だから謝礼も明朗です。「コンサルティング」「集客」「コンテンツ＋ブランディング」の3つの役割に応じて3割ずつ配分されます。残りの1割が、カード決済手数料などの実費にあてられます。

そこで情報ビジネスの初心者は、まずは「コンサルティング」と「集客」の腕を磨きましょう。オリジナルコンテンツは、ゆとりが生まれてからつくればいいのです。協会のラインナップに加えてもらえれば、オリジナルコンテンツを世の中に広めることも夢ではありません。マクドナルドのビッグマックもフィレオサンドもマフィンも、ドナルドマクドナルドというキャラクターも、加盟店が考えたものです。それを、マクドナルドのすべての加盟店が使えるようにしたのですが、それと同じ発想です。

セールスとは問題解決と願望実現を手伝うボランティア活動

物販で物を売るときも、賃貸で家を貸すときも、情報ビジネスで集客するときも、セールスが不可欠です。すべてのビジネスの根幹だということ。それゆえ、この世で一番従事者が多い職種は営業職です。

なぜそれほどまでに、セールスが大切なのか？

ヒトは、自分の問題解決や願望実現に有効なモノやメソッドの存在に、自力では気づけないからです。

それどころか、自分が問題を抱えていることや、願望を持っていることにさえ、気づかない人もいます。

そこで欠かせないのが、その人の問題解決や願望実現に役立つモノやメソッドの存在を教えてあげるお仕事です。**セールスとは問題解決と願望実現のお手伝いなのです。これほど素晴らしい社会貢献はありません。**

金持ち父さんでおなじみのロバート・キヨサキさんは、大家業で独立する前にゼロックス社の営業マンになりました。その理由はアメリカでもっとも優れたセールス・トレーニング・プログラムがあったからです。セールスはそれくらい大切なのです。

ところが日本には、セールスに苦手意識を持つ人が多すぎます。お願い営業や押し売りを連想するからなのでしょう。

ここでも常識を捨て去って、発想を切り替えてください。セールスとは、お願い営業でも、押し売りでもありません。

将来お客さんになる人が抱えている問題の解決をお手伝いする最初のステップなのです。あるいは、願望の実現をお手伝いする最初のステップなのです。

問題解決や願望実現の糸口に気づかせてあげるのですから、人助けです。

しかも、セールスの段階では無料ですから、ボランティアです。

そこで、「セールスとは、お客様の問題解決と願望実現のためのボランティア活動である」と75ミリ四方のふせんに書いて、目立つ場所に貼ってください。それを毎日眺めれば、いずれ抵抗感がなくなりますよ。

公務員は副業を禁止されているわけではない

日本は昔から副業に寛容で、江戸時代の公務員である「役人」は寺子屋で教える副業などもしていました。国民や地域住民を幸せにすることが公僕である公務員の使命です。国も副業を奨励したのですから、公務員だって胸を張って副業していいのです。

国家公務員法と地方公務員法で、公務員は副業を禁止されていると思われがちですが、そんなことはありません。公務員にも自由権や財産権が認められています。だから公務員法にも副業禁止とは書かれていません。

たとえば大家業では、戸建て5棟以上・アパートやマンション10室以上、もしくは年収500万円以上でなければ、営利目的の自営（副業）とはみなされません（人事院規則14－8）。**禁止されているのは営利目的の勤務や営利企業の経営だけ。実家の家業の手伝いや、単発で講演や執筆することまでは禁止されていません。**

それどころか許可を得れば、非営利の事業団体で事業に従事できると書かれている。本業に支障が出ない限り、拒否されるいわれはありません。

副業すると本業のパフォーマンスがあがり出世する

会社勤めの人でも、副業すると「本業がおろそかになる」とか「人事評価が下がる」と心配して、二の足を踏む人がいます。

でもそれは、潜在意識がつくり出した言い訳かもしれません。なぜなら、ヒトには心理的ホメオスタシスが備わっていて、現状を変えない行動を選ぶからです。

でも実際には、副業は本業に好影響を及ぼします。

副業する部下がいる管理職に、「メンバーの副業が本業に与えている影響」を聞いたところ、66・5%が「良い影響を与えている」と回答した調査結果があります。

この調査では、悪い影響を与えているという回答は3%しかありませんでした。多くの管理職は副業が本業へ良い効果をもたらすと感じているのです。

第7章に登場する小林依久乃さんが良い例でしょう。副業のおかげで本業を辞めても大丈夫と心のゆとりが生まれて、本業のパフォーマンスがあがり、昇給昇格されました。

私の経験上も同じです。一番優秀だった部下のK君はこっそり大家業の副業をしていました。私自身も本社の企画部門に栄転できました。

本業のパフォーマンスをあげたい人こそ、ためらわずに副業すべきだということです。

銀行員の副業事情とバレない立ち回り方

とはいえ、嫉妬を買うこともあるので、口外する必要はありません。

私がいた銀行も副業禁止でしたので、バレると人事評価に響くおそれがありました。こっそり副業していたK君が打ち明けてくれたのは、私が銀行を辞めたあとでした。

「ブラックリスト」という言葉があります。それゆえ銀行は、カード会社や興信所からの情報を使って、取引先や行員の資産・借金などを把握していると思われるかもしれません。

でも実際には、融資などの審査をするとき以外は調べません。正当な利用目的がなければ、法令違反になるからです。

法律でも通名や屋号が認められ、銀行口座もビジネスネーム名義でつくれます。**口を滑らせない限り、副業はバレない**のです。

私も銀行員のときに本書を出版しましたし、セミナーも開きました。バレないようにビジネスネームを使いましたし、ＳＮＳには顔写真を載せませんでした。

妻社長メソッドですから就業規則に違反しませんが、波風立てる必要はありません。銀行や投資信託の裏側を他の本に書いたため、出身銀行も明かしませんでした。明かすと同僚に迷惑がかかります。

それゆえいまなお、私が副業していたことも、本を書いたことも、古巣や同僚には知られていません。お金のソムリエ協会の仲間を見渡しても、副業を疑われた人は一人もいません。

会社にバレやすい最右翼は住民税ですが、普通徴収を選べば解決します。赤字の所得も、種類と金額が勤務先に通知されるので、事前に妻社長メソッドに移行しておきましょう。

こうすれば、子どもが自立して稼げる大人に育つ

妻社長メソッドは子どものお金教育や社会教育に役立ちます。子どもは親の背中を見て育つので、無意識のうちに親の価値観や考え方をコピーします。当たり前だと思っていたことが友達や同僚と違っていると気づいて、驚いた経験ありますよね。思考パターンや行動パターンの大半は家庭で身につけるものなので、子どもは気づかないうちに両親から大

きな影響を受けるわけです。サラリーマンにとっては「仕事＝雇われて働くこと」なので、その感覚もコピーされます。

サラリーマン家庭の子どもは、親が働く姿を見られません。職場で何をしているのか、想像さえつかないのです。私が子どもの頃、積み木を並べて崩すことが父の仕事だと思っていました。父の職場の休憩室で、同僚と麻雀を楽しんでいる父を目撃したからです。

妻社長メソッドなら親がやっている姿を垣間見て、その背中から学べます。簡単な作業であれば子どもを巻き込んで、「家業」として一緒に取り組めます。

すると、仕事とは何なのか、どうしてお金を稼げるのか、言葉にできない暗黙知を肌感覚で学べます。仕事を通じて従業員を教育するＯＪＴという手法がありますがそれと同じ。妻社長メソッドは「家族を会社に見立てた家業」なのです。

大家業を家業にすれば、三菱地所や森ビルのような不動産会社の仕組みがわかります。借入や資金繰りの大切さもわかります。不動産の仲介や管理、建物の修繕などが密接不可分だと理解できるようになります。

物販を家業にすれば、販売のためのマーケティングや在庫管理の大切さを学べます。

セミナー講師やコンサルティング、アフィリエイトなどを家業にしていれば、情報の大切さを学べます。

妻社長メソッドは雇われ仕事ではなくプチ起業なので、決算書や確定申告書、通帳などを見せて、生のお金の流れを学ばせることもできます。

起業家になった場合と、サラリーマンになった場合とでは、自分の人生がどう違ってくるのか、お金の流れや税金がどう違ってくるのかも、学べます。

15歳以上なら印鑑証明を取れるので、子どもでも社長になれます。第7章に登場する中瀬武さんは、プライベートカンパニーを立ちあげる際に高校生の娘さんを社長にしました。輸入ビジネスやクラウドファンディングなどの物販は中瀬さんが担っていますが、アフィリエイトなどの情報発信や、物販サイトの構築は社長である娘さんが担われています。

子どものうちに家業のビジネスに関わると、仕事とは何かがわかって自分の進路もイメージしやすくなる。自立して貢献しながら稼げる大人に育つのです。

「やりたいこと」は、ふせんがあれば絶対見つかる

私は大家業と講師業から始めて、独立後は物販にも挑戦しました。しかしメリハリをつけるため物販からは撤退。いまは賃貸ビジネスと情報ビジネスの2本立てです。何を選ぶかの決め手は相性や適性だというのが常識ですが、もっと大切なことがあります。それは価値観と関心事です。

価値観とは、正誤や善悪についての判断基準や好き嫌いのこと。関心事とは、興味があること、気になること、極めたいこと、大好きなことです。

多くの人が陥る落とし穴が、価値観や関心事を脇に置いて、儲かるか否かで判断することです。でも、お金が主目的になった途端に失敗します。ヘッドアップしてはいけないというゴルフの鉄則と同じです。

ゴルフで大切なのはボールにジャストミートすることであって、ボールの弾道を確認することではありません。ビジネスも同じで、社会貢献を通じて自己実現することが大切な

のであって、お金は後からついてくるものです。お金儲けが主目的だと、誰からも応援されなくなります。

「やりたいこと」が見つからない人や、何をやっても長続きしない人、失敗する人も同じです。いずれも、価値観や関心事を言語化できていないことが最大の原因だからです。物販・賃貸・情報ビジネスのどれを選ぶかについては枝葉であって、二の次なのです。

そこでまずは自分が大切にしている価値観や関心事を言語化しましょう。なぜなら、そこが目的地だからです。そのうえで、目的達成のために何をすべきか考えるのです。

すぐには見つからないかもしれません。そんなときは「神ふせん」という自分の思考を見える化するメソッドもあります。ふせんが潜在意識の検索窓の役割を果たすので、思考を言語化しやすくなります（詳しくは拙著『やりたいことが絶対見つかる神ふせん』〈ダイヤモンド社〉をぜひご覧ください）。

勤務先の従業員から、勤務先の業務パートナーに鞍替えする

将来独立する場合、勤務先との関係が気になりますが、心配ご無用です。勤務先に迷惑

がかからないよう、半年前までに退職の意向を伝えれば、気まずくはなりません。

それどころか**勤務先の業務パートナーになる奥の手もあります。**第7章に登場する成島《なりしま》拓《たく》さんが良いお手本です。

成島さんは出版社でプロデューサーをしながら、副業と両立しました。その後、妻社長メソッドを取り入れたことで収入が7倍になって独立。そのタイミングで勤務先の業務パートナーとなったのです。独立後のマーケティングコンサルタントの仕事は、古巣のプロデューサー業務とシームレスにつながっていて、一石二鳥です。

成島さんにとっては給料が、業務パートナー報酬に変化しただけなので収入は減りません。それどころか成果報酬契約になり、年間トータルの報酬額はアップしました。それでも勤務先にとっては、優秀な人材が抜けた後を埋めなくていいので、大助かりです。

副業の領域が本業と隣接していたことが功を奏したのです。隣接していると、鞍替えもスムーズです。

第6章

収入減・税金増・物価高は妻社長メソッドで乗り切れる

資本家だけが優遇される令和を生き抜く、弱者の知恵

50歳でセミリタイアした後も、学びとチャレンジを続けました。大変お恥ずかしい話なのですが、50代も後半になって初めて「当たり前なことにこそ大切な知恵が隠れている」ことに気づきました。

「当たり前なことにこそ大切な知恵が隠れている」なんて、「そんなの当たり前だ」と思われるかもしれません。でも、当たり前すぎて本当に気づかないのです。

たとえばサラリーマンの多くがお金の悩みを抱えていますが、その悩みを解消できない。私たちが生きる社会が資本主義社会だという「当たり前」に気がついていないというのがいい例です。知識としては知っていても、「当たり前」すぎてそれが根本原因だとまでは気づきにくいのです。

当たり前に慣れると「他人事」になるので、いくらノウハウを学んでも気づきません。

日本や各国の社会問題・国際問題、歴史の裏側にある根本原因がすべてつながっていることを学んで、自分の頭で考えて「自分事」に落とし込んで、初めて気づけるのです。

資本主義社会とは、資本家のためにつくられた社会です。君主主義が君主のための社会であり、封建主義が封建領主のための社会だったのと同じです。

資本主義社会では、お金を出資する資本家が一番優遇されます。資本家に代わって会社を経営する経営者がその次。労働力を提供するサラリーマンは蚊帳《かや》の外です。

それゆえ資本主義国の法律は資本家のためにつくられています。たとえば税法は、資本家の税金を最低限に抑え、サラリーマンから多く徴収する仕組みになっている。その他あらゆる法律が、資本家のためにつくられています。

第1章で「法人」とは税制面・信用面・資金繰り面で優遇された特権階級の人たちで、最強のアバターだとお伝えしました。アバターの背後には必ず生身のヒトが隠れていますが、そのヒトの正体こそが資本家なのです。

第2章でも、お客様に直接貢献するのは会社なので、オーナー（資本家）や経営者（役員）に「感謝の気持ち」としてのお金が厚く配分されるとお伝えしました。法律もすべて、それを保証する仕組みになっていたのです。

お金の悩みを解消したければ、資本家という職業身分を獲得する以外に道はないということ。その入り口が、妻社長メソッドです。

お金持ちが資本家になるのではなく、資本家がお金持ちになる

資本家と聞くとお金持ちをイメージしてしまい、自分には関係ないと思われるかもしれませんが、それでは原因と結果が逆さまになります。なぜならお金持ちが資本家になるのではなく、資本家がお金持ちになるからです。

そこで、「私はお金持ちでないから資本家にはなれない」という常識を捨ててください。その代わり、**「お金持ちになりたいから、妻と私は資本家になる」と決めてください。**

サラリーマンがお金の悩みを抱える最大の原因はこのように、資本家のためにつくられた資本主義社会を生きているのに、サラリーマンという職業身分を選んだことに尽きます。

サラリーマンを選んだことが間違いだという意味ではありません。誰だって最初はお金がありません。

だからファーストキャリアでサラリーマンを選び、種銭（資本）を貯めるのです。サラリーマンから始めれば、社会人としてのイロハや、チームワークなども学べます。お金とスキルの両方を蓄積できる最善のファーストキャリアがサラリーマンなのです。オーナー企業の後継ぎが他の企業で修業を積むわけです。

この理屈は、あなたにも当てはまります。サラリーマンとして3年以上の経験を積んだ人であれば、資本家や経営者になれる素養が培われています。

それを活かすセカンドキャリアの入り口が妻社長メソッド。長らく助走してきたのですから、飛び立たないほうがもったいない。飛び立つための翼の役割は、妻社長メソッドが担ってくれます。

リスクをおかして起業家になる必要はありません。まずは妻社長メソッドで石橋を叩きながら、一歩ずつ渡っていきましょう。

ばらまかれた補助金の受け皿になる妻社長メソッド

手取り400万円のサラリーマンは、本当は1000万円稼いでいるとお伝えしました。

では、吸い取られた600万円はどこに行くのでしょうか？

主に医療費や年金などの社会福祉、インフラ整備などです。補助金や給付金として還元される仕組みもあります。

誰に還元されるのか。資本主義社会の仕組みを思い出してください。資本主義社会とは、資本家のための社会でした。資本家とは会社のオーナーです。それゆえ、会社に手厚く還元される仕組みになっています。

コロナ禍で個人が受け取った特別定額給付金10万円は記憶に新しいですね。外国人にまで振る舞われて、驚いた人も多いと思います。

もっと驚いたのは、法人に対する大盤振る舞いです。持続化給付金の名目で1社あたり200万円もの補助を受けられたのです。

新版を執筆中にも、7％賃上げすれば法人税を最大35％控除する大企業への優遇策が発表されました。有権者の半数が投票権を放棄しているせいか、経団連や資本家に忖度し放題です。

だから、ここでも、妻社長メソッドです。プライベートカンパニーをつくるだけで、あなたも家族も一夜で資本家の仲間入りです。

もちろん最初は吹けば飛ぶような小さな資本家です。

でも、**プライベートカンパニーさえあれば、個人では絶対にもらえない補助金を受け取る資格が生まれる。信じられないレベルの節税もできるので、お金がお金を産み始めるの**です。

この世に存在するすべての会社は、そうやって大きくなりました。大企業を目指す必要はありませんが、小金持ちなら射程圏内です。

日本銀行からお金を借りれば、所得税はいらない

まじめな人は、節税すると税収が減り、国の借金が膨らむことを心配されるかもしれま

せん。

でもご安心ください。国の借金（国債）の50％以上を、お札を印刷する日本銀行（日銀）が引き受けているからです。

安倍元首相が口を滑らせた通り、日銀は国の子会社です。自分が自分に借金しているのと同じですから、**国の破綻はありえません。**

しかも、国民から所得税を取らなくても、国の収支は間に合います。子会社の日銀にお金を刷らせればいいからです。

試しに計算したら、社会保障関係費や公共事業関係費など国民生活に不可欠な使い道に絞り込めば、日銀だけで賄えるという計算結果が出ました。

妻社長メソッドこそがマイナンバーカードへの切り札になる

マイナンバーカードの登録率がほぼ全国民の水準に達しましたが、個人情報が筒抜けにならないか、心配ですよね。

口座はマイナンバーにヒモづけされているので、金融資産は筒抜けです。最大の狙いは相続税を漏れなく徴収すること。脱税や申告漏れを防げることは、いいことです。

とはいえ、相続税も不公平税制の1つです。代議士の3割は世襲ですし芸能人も二世が多いですよね。将来の収入源を相続しているのに、相続税はかかりません。

法人も同じ。所得税や補助金のほか相続税も優遇されます。オーナーである資本家が優遇されるということ。

資本家は、アバターである法人を通して間接的に資産を持てますが、**法人とマイナンバーとはつながっていないので、資産状況は筒抜けにはなりません。**

妻社長メソッドでも同じように、資産状況は筒抜けになりません。家業を子どもや孫へと引き継げば、代議士や芸能人、企業のオーナーにも引けを取らない節税ができます。子どもや孫をプライベートカンパニーの出資者にすれば、効果絶大です。

万が一預金封鎖になっても、法人の口座だけは守られます

新札発行のタイミングで、1946年のように預金封鎖が行われるという噂があります。都市伝説ですが、絶対ないとも言い切れません。

でも、プライベートカンパニーがあれば大丈夫。**法人の預金を封鎖すると経済が止まるので、法人預金の封鎖は不可能**なのです。

気になる人は、プライベートカンパニーにお金をキープすれば、保険になります。私たちも念のためそうしています。

社会貢献とは、お金を使いながら稼ぐこと

政府が副業を奨励しているのに、5割近い企業は解禁していません。

副業が認められていたとしても、同僚の目や人事評価が気になります。また副業には、

「お金儲け」のイメージもつきまとうので、真面目な人ほど「やましさ」を感じて、踏み切れません。

でも、真面目な人にこそ幸せになってほしい。なぜなら幸せとは、誰かに貢献して喜んでもらうことを通じて自己実現することだからです。

だからこそ、これまでの常識を捨て去って、発想を転換してください。

副業する最終的な目的は「金儲け」ではありません。貢献して自己実現することが一番の目的なのです。お金は副産物にすぎません。

お金とは、見える化された感謝の気持ちでした。

貢献すれば、相手は喜んであなたに感謝します。だから感謝の気持ちであるお金を払ってくれるのです。やましさや、後ろめたさを感じる必要はありません。

それどころか、日本経済の活性化につながるので、社会貢献です。

副業を通じて必要経費を誰かに払うので、相手も稼げます。その結果、世の中に出回るお金の量が増えるのです。私の試算では、みんなが副業すればGDPが2割も押し上げられる。お金を使いながら稼ぐので、日本の景気がよくなるのです。これほど素晴らしい社会貢献はありません。

稼げるライフワークが、大人の隠れ家になる

自宅や学校、職場でもない居心地のいい「第3の場所」をサードプレイスといいます。行きつけのお店やカフェなどがそうです。

妻社長メソッドで取り組むビジネス「稼げるライフワーク」も、そんなサードプレイスを生み出します。

稼げるライフワークを始める人の多くはセミナーで学び、仲間が集まるコミュニティーで情報交換しながら実践します。

軌道に乗ると、自分もコミュニティーを主宰して、仲間やお客様を増やせます。価値観や関心事が似た仲間が集まるので、コミュニティー自体が居心地のいいサードプレイスになるのです。

私も銀行員時代に、妻社長倶楽部というコミュニティーを立ち上げました。それがお金のソムリエ倶楽部へと発展し、メンバーにとってのサードプレイスになっています。価値観や関心事が同じなので、安心して自己開示できます。

ヒトは自己開示した相手に共感し、応援したくなります。本人が気づかなくても、第三者にはわかるので、アドバイスしてあげられることがたくさんある。そうやって応援しあう「場」がコミュニティーなのです。コミュニティーでは応援が通貨代わりになります。

それだけではありません。稼げるライフワーク自体がサードプレイスになる。カフェにいても、旅先でも、いつでもどこでも稼げるライフワークに取り組めます。

ノマドワークという働き方がありますが、稼げるライフワークさえあれば、あなたがいる場所すべてがサードプレイスに早変わりするのです。

令和の新潮流は、妻社長メソッドからのトリプルキャリア

社会人の人生はこれまで「雇われる働き方→老後」の2ステップでした。

でも今後は、**妻社長メソッドからセカンドキャリアへ、そしてサードキャリアへと進むトリプルキャリアが新潮流となります。**人生100年時代の到来で、老後が40年に延びたからです。

40年もの間、仕事もせずに悠々自適に暮らす生活を想像できますか？

海外旅行や温泉旅行で余暇を楽しんで、心静かに過ごす生活をイメージされるかもしれません。

でも、実際に試してみた私に言わせてもらえば、それはただの絵に描いた餅。「稼げるライフワーク」で「使いながら稼ぐ」生き方のほうが、はるかに楽しいことに気づきました。**お金・孤独・健康・家族の4Kの視点から眺めると、それがよくわかります。**

人生を楽しむ秘訣は、お金を使いながら稼ぐこと

お金の視点

遊びにはお金がかかります。年金は生活費に使うので、遊びには使えません。遊びたければ稼ぐか、貯めたお金を取り崩すしかないのです。

でも、いくら貯めても取り崩せません。貯めたお金は、すべて使い切るのが理想的だと

頭でわかっていても、一度貯めたお金は、不安感が先行して崩せません。お金は貯めた分だけ塩漬けになるということ。相続財産額の平均値３２７３万円がその実態を物語っています。

選択肢は１つだけ。**人生を楽しみたければ、使いながら稼ぐこと。**使いながら稼ぐと景気がよくなり社会貢献になりましたが、自分らしい人生を楽しむ秘訣でもあったのです。

孤独の解消策は誰かに貢献し続けること

孤独の視点

昔のことを自慢して、お説教をたれるお年寄りを見たことありませんか？

ヒトは誰かに自分を認めてもらえないと生きていけないからです。誰からも認められないことを孤独といいます。孤独とは死と同じ。だから必死に自分の存在を示そうとする。

でも、自慢しても説教しても認めてはもらえません。**誰かに貢献して感謝されて初めてヒトは自分の存在価値を実感できる**のです。

孤独という不安を解消したければ、貢献し続けること。ボランティアでも構いませんが、お金の不安も同時に払拭できる「稼げるライフワーク」がもっとも理想的です。

稼げるライフワークこそ健康長寿の秘訣　健康の視点

シニアにとって最大の関心事は健康です。それゆえ健康維持には余念がありませんが、**健康長寿の秘訣は生涯現役を続けること。すると健康不安も薄らぎます。80歳90歳になっても元気なお年寄りは、例外なく生涯現役です。**

どうすれば生涯現役を続けられるのか。

雇われ仕事でも可能ですが、「やらされ仕事」は楽しくない。楽しくなければ飽きるので、長続きしません。

楽しく続けるためには、心底やりたい「稼げるライフワーク」を仕事にするのが一番です。

家族に負担がかからず、逆に喜ばれる

家族の視点

職場一筋の人が退職すると、居場所を失い家族にもたれかかりますが、煙たがられます。避難場所となる公園や図書館に行くと、よくわかります。

ところが、**「稼げるライフワーク」があると居場所を確保しやすくなるし、家族からも歓迎されます。**第7章に登場する大杉潤さんが良い例です。

大杉さんは定年間近の57歳で独立しました。コンサルタントからスタートし、いまでは研修講師や個人コーチング、ビジネス書の執筆など、情報ビジネスで活躍しています。

そのために、東伊豆の海辺に「隠れ家」的な仕事場を構えました。将来的には、ここが終の住み処となる予定です。

稼げるライフワークを好きなだけ楽しめる隠れ家なので、家族に負担をかけることもありません。それどころか、十分な収入と終の住み処ができたおかげで、ご家族も大喜びです。

大杉さんは、働くステージを3つに分ける「トリプルキャリア」の提唱者で、実践者でもあります。

ファーストキャリアが会社員です。

60歳の定年時か65歳の再雇用終了時に「雇われない働き方」であるセカンドキャリアに移行。世の中のニーズのなかから、好きなことだけを選んで仕事にします。

このとき、いきなり移行するのではなく、妻社長メソッドでシームレスに移行します。

その後、体力面・健康面の壁にぶつかったら「理想的な働き方」でサードキャリアに移行。好きな場所で好きな時間だけ、好きな仲間と好きな仕事だけをするのです。

隠れ家に住み、旅しながら稼げるライフワークを楽しもう

サラリーマンが「隠れ家」を構えることは夢のまた夢かもしれません。出費がかさむので家族からも反対されます。

でも、妻社長メソッドで稼げるライフワークを見つければ、夢が夢で終わらずに、現実

になります。

大杉さんのように、プライベートカンパニーが隠れ家を買ってくれるし、維持費も賄ってくれるからです。

減価償却という魔法の節税スキームを使えるので、マイホームのような金食い虫にもなりません。

その隠れ家を、終の住み処にできれば一石二鳥です。

旅行好きであれば、プライベートカンパニーが宿代や交通費を払ってくれるので、旅先の宿が隠れ家に早変わりします。

私も執筆に使うネタ探しを兼ねて、執筆に適した宿を見つけては、隠れ家として活用しています。

ハワイのワイキキビーチにも隠れ家を取得しました。コミュニティーの仲間が365日いつでも好きなときに使えるように、お金のソムリエ倶楽部ハウスとして開放しています。

私たちだけではありません。第7章に登場する古川美羽さんはアメリカのテキサスに、斉藤英志さんはセブ島に隠れ家を確保しました。著者仲間も3人、ハワイのアラモアナに隠れ家用のコンドミニアムを購入しています。

買ってもよし、借りてもよし、旅してもよし。あなたも妻社長メソッドという魔法のマントを羽織って、あなただけの大人の「隠れ家」を見つけてみませんか。

第7章

妻社長メソッドで幸せをつかんだ家族の物語

自分事に落とし込んで行動すれば、未来は劇的に変化する

第6章まではすべて、私にとって真実であり現実です。

でも、経験していない人にとっては、他人事のように感じられたかもしれません。

そこで第7章では、つい数年前まで、読者のあなたと同じ立場にいた11名の物語をご紹介します。


登場人物は妻社長のほか、夫社長、娘社長、独身社長などいろいろで、ビジネスも年齢層もさまざまです。


本人の言葉で本人に書いていただきましたので、行間までしっかり読み取ってください。

共感できる物語や、境遇が似ている人が見つかるかもしれません。

もし見つけられたら、**自分と重ね合わせて、自分事としてイメージしてみてください。**

イメージできれば行動できます。行動さえできれば、あなたの人生は劇的に変化しますよ。

妻社長ストーリー❶

夫が病気休職で赤字の家計から3年で収入が倍増した！

名前　神村楽々（かみむらら）、38歳

家族構成　夫と妻の私、小学2年生の娘と幼児2名の5人家族。鹿児島県在住。

職業　情報ビジネス、キャンピングカーレンタルと大家業を手掛ける在宅妻社長。

夫の職業　サラリーマン。

ビフォーアフター　妻社長以前の収入450万円↓現在の収入800万円。

私は、サラリーマンの夫と3人の幼い子どもと鹿児島で暮らしています。結婚前は看護師をしていましたが、いまは副業で、夫と一緒に2つの会社を動かしています。

夫婦で取り組む副業は、大家業とキャンピングカーレンタル、ブログ運営（子育て夫婦の副業応援、鹿児島観光）と講師業の4つです。夫の尚《しょう》さんはパソコン作業全般や経理、翻訳を担当し、私は画像編集・コミュニケーションが得意なので、それぞれの得意を

活かして役割を分担しています。
副業する以前は、夫の給料450万円だけが頼りでしたが、いまでは収入が約2倍になり、余剰金を資産運用する余裕まで生まれました。リスク分散のために、剰余金は海外で運用し、年間10％以上の運用実績があがっています。

いまでこそ、笑顔あふれる明るい家庭ですが、4年前までは毎日が陰鬱でした。結婚直後から夫の仕事が忙しくなり、上司のパワハラもあって、うつ病が発症。病気休職に追い込まれたのです。収支は毎月3万円も赤字になり、貯金を切り崩すありさま。年額76万円の住宅ローン返済とクレジットカードの請求に怯える毎日でした。
経済的にも精神的にも追い込まれた状況を打破するために観光ブログの副業を始めたのですが、毎月の赤字を補うまでには至りませんでした。

長男の1歳の誕生日の朝。お祝いできる状態でない夫に何て声をかけてよいのかわからずスマホに目を向けると、メルカリに出品されていた『いますぐ妻を社長にしなさい』を発見。直感ですぐ購入しました。その後、夫婦で熟読し、〝これだ！〟と思いました。

そこからの私たち夫婦の行動は早かった。本を読み終えて3週間後の朝、「私たちは運命共同体だ！」と互いの手を握りしめたあと、夫が大阪のセミナー会場へと飛行機で飛んだのです（当時はリアル会場でしか受講できませんでした）。そして、その学びを忠実に実践。サラリーマン夫のおかげで自宅に居ながら妻社長になることができたのです。

二人三脚で副業するうちに夫も自信を取り戻し、うつ病も完治。昇進も果たせました。

ママになっても夢を大きく描いていい！——この気づきが私の人生を大きく変えました。

平凡な専業主婦の私が、夫とともに勇気を出して一歩踏み出したことで、4年前とは大きく変わりました。子育てや家事に追われていても、生きがいとなる仕事ができる喜びを強く感じています。家庭を自分の中心に置いて、自分の人生の目的を見失っているママたちに、「恐れずにもっと自分の人生を楽しんでいいんだよ！　自分の人生なんだから、生きがいを見つけて自分の足でしっかりと踏みしめて歩こう！」と伝えたいです。

誰にでも、この世に生まれてきた使命があります。私は、これからも「自分の使命を見つけて変わりたい！　もっと輝きたい！」と願うママたちの応援団長として、子育て夫婦向けの副業応援ブログを通して応援していきます。

ママたちよ、ともに立ち上がろう！

神村楽々のプロフィール

「地元人おすすめ！鹿児島観光ガイド！」を鹿児島で閲覧数1位に育てる。大家業とレンタルキャンピングカーの社長として活動する傍らで、〝夫婦は最高のビジネスパートナー〟という理念のもと、子育て夫婦向けの副業応援ブログを運営し、変わりたいと願うたくさんのママたちの生活を豊かにするために、ＳＮＳやブログ等で発信を続けている。

ショーララ夫婦の『夫婦で資産を3倍に増やす副業術』
https://hiruton.com

妻社長ストーリー❷

貯金0から開始、お飾り社長のはずの妻が名経営者として覚醒！

名前　永瀬フミヤ（ながせふみや）、50歳
家族構成　妻と私と大学生の子ども2人。埼玉県在住。
職業　金融機関勤務。副業は大家業と情報発信。
妻の職業　零細企業勤務、妻社長。
ビフォーアフター　貯金0、副収入0↓家賃収入550万円。

私は27年間金融機関に勤めてきた50歳のサラリーマンです。副業は大家業で、千葉県にアパート1棟、千葉県と埼玉県に中古戸建てを1棟ずつ保有。ボロ戸建てをバイクガレージ付賃貸住居、駐車場付きファミリー住居として再生してきました。夫婦それぞれの得意分野を活かし、私がキャッシュフローや投資利回り計算・財務戦略を担い、妻が再生コンセプト企画・リフォーム会社や職人さんとの調整を担っています。

2023年からは、夫婦協働の不動産賃貸ビジネス運営、空き家再生のノウハウを伝えるため、ブログやXで情報発信も始めました。

いまでこそ順風満帆ですが、金融機関での過剰なプレッシャーで、かつては心身ともにボロボロでした。副業を始める8カ月前には国の指定難病で2カ月入院。大学生と高校生の子どもの教育費負担で貯金もほぼゼロでした。手術は無事成功しましたが、

根本原因は何も解決しておらず、このままの人生で良いのかと自問する日々でした。

妻社長メソッドを学んだのは、そんな折のこと。病気のときも支えてくれた妻との時間をもっと大切にして自分の人生を生きると決めました。不動産賃貸業を最初のビジネスに決定。頭金を捻出するために、思い切って自宅のマンションと車を売却したのです。

当初、妻にはお飾りの社長になってもらい、少し手伝ってもらえれば十分としか考えていませんでした。でも、それが私の思い上がりだったことに、まもなく気づきました。私よりも妻のほうが圧倒的に大家業の経営に向いていたのです。

何といっても、思い切りが良く、決断、行動のスピードが速い。「やるなら覚悟を持って本気でやらないと！」と、行動の遅い私の背中を押してくれたのは、妻でした。

半年かけて物件を探し、2020年3月に1棟目のアパートを購入。ところが、購入して1カ月も経たないうちに退去が続き、空室率が50％を超えてキャッシュフローが赤字に転落。追い打ちをかけるようにコロナ禍が急速に拡大したのです。原状回復や入居募集のやり方もわからず、恥ずかしながら、私自身は身動き一つ取れなかったのです。

そんな窮地を救ってくれたのも妻でした。入居付けのコンセプト設計・再生企画から、DIYによるリフォームまで、面倒な作業も厭《いと》わず、淡々とこなしていくのです。職人の家で育ったせいかモノづくりへのこだわりが強いし、生活に密着した住居への関心も高く、より良い住まい実現のためのアイデアにあふれていました。

誰の目から見ても、妻のほうが適任です。私は、得意の金融や法律を活かして、不動産業者や金融機関との交渉に専念することになったのです。

そうやって夫婦で協力するうちに満室を達成。さらに妻のアイデアで、空き家となっていた店舗付き住宅を購入。バイクガレージに改装し、入居者が殺到する人気物件に育ててあげました。

空き家を再生してみてわかったことは、それが社会貢献につながるということ。相続した物件を大切に使ってもらいたい売り主さんや、治安を心配する近隣にお住まいの方から大いに喜ばれたのです。

しかも、自分の生活スタイルにぴったりの家を探していた入居者さんにも良質な住居を提供できる。自分たちが直接的に社会に貢献していることを、肌身で実感できました。

人生100年時代を迎え、過去の自分のように悩むサラリーマンがたくさんいます。もしかしたら私の使命は、空き家問題および人生100年時代の働き方や年金問題の解決かもしれません。夫婦で空き家を再生して賃貸する秘訣を伝授することを通じて、これからも使命を果たしていきたいと思っています。

永瀬フミヤのプロフィール

大手金融機関に27年勤務する50歳。金融業界で得た投資や不動産に関する知識を活かして不動産賃貸業を始める。妻が社長の法人を設立して4期目。MBAホルダー（国内大学院経営学修士）、宅地建物取引主任者試験合格。趣味は、音楽鑑賞とスポーツ観戦。健康おたくで睡眠スコアを毎日計測。好きな言葉は、人生は夢だらけ！

X（旧Twitter）
https://twitter.com/nagase_fumiya

妻社長ストーリー❸

夫婦共働きだったので高3の娘を社長にして4年で3000万円稼ぐ

名前 中瀬武（なかせたける）、50歳。
家族構成 妻と夫の私と娘2人の4人家族。首都圏在住。
職業 現場監督。副業で物販ビジネスとクラウドファンディングのコンサルティング。
妻の職業 妻社長会社の役員（プライベートカンパニー設立時はサラリーマン）
ビフォーアフター 副業開始後の4年間で3000万円稼いだ。

私は会社員として勤務する傍《かたわ》ら、副業として娘（長女）が社長を務める法人を設立。輸入物販ビジネス事業を始め、法人設立の翌年度には年商1000万円を達成しました。

私も妻も正社員としてフルタイムで勤務していたこともあり、時間の捻出などの問題がありましたが、ちょうど高校を卒業するタイミングだった長女が、大学進学ではなく「起業して社会に貢献したい」と言ってきたため、長女を法人の社長にすることにしました。

長女を社長にすることで、親から子へ事業の相続をすることになった場合に必要な税金がかからない（相続がない）などのメリットがあることも決断した理由のひとつです。

長女は几帳面な性格を活かし、経理・総務的な業務とともにHP・ECサイトや商品の在庫管理を、私が営業や販促活動を、妻が2人のサポートを担うという体制で事業を行っています。いわゆるZ世代といわれる世代の長女とビジネスをすることで、マーケティング的に柔軟な視点を持つことができることもビジネスにプラスに働いています。

取り扱うすべての商品は、「独占販売契約」を締結し、「日本総代理店」として販売しています。日本での商品リリースにクラウドファンディングを活用し、4年間で11回実施。成功率は91％となっています。

いまでは、積み重ねてきたクラウドファンディングの成功実績ノウハウを活かし、コンサルティングも事業として手掛け、これまで支援したすべてのプロジェクトで成功を収めています。

実は、私には長年、経営者になることに関するトラウマがありました。

私の父親は社長として、小さな会社を経営していました。小学生の頃はそれが誇りでもあり、父親を尊敬できる存在としてみていました。ところが、父親の知人が経営する会社が倒産したことにより状況が一変。父親がその会社の借金の保証人になっていたのです。

父親の懸命な努力も実らず、その後、半年ほどで父親の会社も倒産してしまいました。会社の倒産後は自宅には借金の取り立てがくる始末で、母親が対応に苦慮していた姿をいまでも思い出します。

そのため、「会社経営は難しく恐ろしい」、「会社は優れた能力のある人が経営するものだ」、「会社員で給料をもらっているほうが一番安心できる」という想いが強くなったと思います。

そんな私でも会社員を続けながら将来に備えて低リスクで起業する決意をさせてくれたのが妻社長メソッドです。

今後は、「こだわりを持って所有している『モノ』と一緒にいる時間と空間が居心地のよさと自己肯定感を高める」という信念のもと、こだわりを持って「本物」と言える商品を提供し続けていきたいと思います。

また、輸入物販ビジネスを通して培ったグローバルな視点、マーケティングなどのビジネスに必要な基礎知識とスキルを活かし、人生100年時代を迎え、「定年を前に副業を始める人」「定年を機に起業する人」「将来のために副業を始める人」などに対し、ホームページ作成から助成金の活用方法まで幅広い支援を行い、クラウドファンディングを活用したビジネスのスタートアップのサポートを使命として取り組んでいきたいと考えています。

中瀬武のプロフィール

輸入物販ビジネス実践者。クラウドファンディングコンサルタント。趣味としてWeb3・0に関する情報をブログにて発信中。座右の銘は「リスクは自分が何をやっているかわからないときに起こるものです（ウォーレン・バフェット）」。

プライベートカンパニー合同会社キートス
https://www.kiitos-llc.com/

妻社長ストーリー❹

転職先が退職金0で貯金も0、副業1年目で年商1000万円達成

名前　三国和朗（みくにかずお）、40代後半。
家族構成　妻と夫の私と中学生の娘2人、両親の6人家族。関東地方在住。
職業　外資系メーカー。副業で物販ビジネスと情報ビジネスを手掛ける。
妻の職業　専業主婦。妻社長。
ビフォーアフター　貯金0↓プライベートカンパニーで年商1000万円。

大卒後、大手外資系メーカーに就職し、30代で別の外資系メーカーに転職。サラリーマンを続けながら、副業で夫婦一緒に物販業と情報ビジネスの2つを展開しています。副業の軸足は輸出と輸入で、副業開始から1年で年商1000万円を達成できました。

旅行も兼ねて家族全員で香港の展示会に行ったり、セブ島の工場を視察したり、遠くはイギリスにまで遠征することもあります。

いずれ退職したら、家族一緒に世界中を旅行しながら、物珍しい商品を発掘し、品質の高い日本の商品を紹介していくつもりです。

このようにいまでこそ、希望にあふれた生活を送っていますが、数年前までの私たちは典型的な老後破産予備軍でした。

新卒で就職した会社は福利厚生が充実し、退職金も期待できる会社でした。独身時代は趣味や同僚との飲み会で散財。結婚後は教育費に使って貯金ゼロ。老後は、退職金で何とかなるだろうと高をくくっていたのです。その後、別の外資系メーカーに転職。多忙でしたが、給料が高いうえに65歳定年でしたので、何も不安はありませんでした。

ところが後日、この会社には退職金がなく、定年まで勤め上げた人もいないことが判明。老後資金として3000万円必要と騒がれていた頃でしたので、わが家が典型的な老後破綻予備軍だと気づいたのです。

そんなとき、『いますぐ妻を社長にしなさい』と出会い、私たち夫婦はこれだと確信。最初は大家志望だったのですが、物販のほうがあっていると思い準備を開始しました。

ただ、先立つものがありません。起業を見越した副業でしたが、大きな借金をして失敗したら、それこそすぐに家計が破綻します。

そこで、まずは種銭づくりに時間をかけることにしました。副業禁止のため妻を社長に据えたプライベートカンパニーを設立し、古物商免許も取得して中古販売から開始。自宅の断捨離を兼ね不要物をメルカリ、ヤフオクで販売したのを皮切りに、e-bayとGoogle翻訳を活用して、日本から配送可能なすべての国で販売しました。日本製品は品質がよく、海外でも人気があって、中古品でも価格が維持されていたので、1年弱で種銭を貯められました。このまま古物商だけでもよかったのですが、家族で海外旅行を兼ねて世界中に商材探しの旅に出たいという夢があったので、本格的に輸入物販の準備を開始しました。

雑貨を扱うセブ島の会社と契約を結び、さらにはイギリスの若手アクセサリーデザイナーとも独占契約を締結。日本の大手百貨店で販売するまでになりました。別の商品でクラウドファンディングにも成功しました。

こうして、e-bayでの輸出と、英国アクセサリーの輸入が物販の2本柱に成長したのです。未経験で物販ノウハウもないサラリーマンがここまでできたのも、家族で一緒に取り組んだおかげです。

収入の柱が増えて精神的に安定し、会社に気がねなく仕事ができたおかげで、本業へのモチベーションも上昇。その結果、本業での評価もあがり、昇進することもできました。

こうして老後不安は解消されましたが、最大の成功は家族の絆が強まったこと。そして、普段の生活では絶対に知り合うことができない仲間や海外の友人をつくれたことです。

1日は24時間しかありません。ワークライフバランスのためにも家族、特に妻の理解と協力が不可欠ですし、同じ目標を持って切磋琢磨できる仲間が必要です。私たち夫婦は、話し合いを通じて同じ夢と目標を持てたし、よい仲間にも恵まれました。

こうした経験を活かし、いまではセミナーを通じた情報発信ビジネスも行っています。貯金ゼロ、退職金ゼロでも大丈夫です。これからの人生においていまが一番若いのですから、いますぐ始めれば間に合います。あきらめずにがんばりましょう。

三国和朗のプロフィール

外資系サラリーマンとして勤務。副業では、妻と一緒に、日本製の中古品を輸出し、イギリス製のアクセサリー製品を輸入して販売している。また、セミナーを中心に、情報ビジネスも手掛けている。

Facebook
https://www.facebook.com/profile.php?id=100024931997936

妻社長ストーリー⑤

夫の会社が不祥事で状況が一変も、副業で収入が4倍に増えて乗り切る

名前　古川美羽（ふるかわみわ）、アラフォー。
家族構成　サラリーマンの夫と妻の私と娘の3人家族。東京都在住。
職業　元会社員で、いまは妻社長。副業で賃貸ビジネスと情報ビジネスを手掛ける。
夫の職業　会社員。副業で賃貸ビジネスと情報ビジネスを手掛ける。
ビフォーアフター　妻社長以前の収入と比べて4倍に！

私は、2015年に法人を設立し妻社長として不動産賃貸業（国内、海外物件）と情報発信ビジネス、講師業を行っています。役割分担は夫が海外不動産、私が国内不動産や法人の運営です。いまではOL時代の4倍の収入を得られるようになり、海外で資産運用したり、やりたかった新ジャンルのビジネスにも挑戦できるようになりまし

た。

順調な人生を歩んできたように思われるかもしれませんが、妻社長になるまでの20代から30代にかけては波乱万丈でした。某企業のキャンペーンガールをきっかけにレースクイーンの道へ進むも、年を重ねると大変そうな先輩の姿を見て転職しましたが、入った会社がたった1年で倒産。再就職した先はブラック企業で体を壊し、またもや退職し無職に。きちんとしたキャリアもお金も仕事もなくなり30歳目前でこの状態でした。同級生は大手企業に就職し順調にキャリアを築いている人や、家庭を持ちお母さんとして忙しくしている人ばかりで、恥ずかしくて誰にも会える状態ではありませんでした。

この後結婚するも、入籍後数カ月で夫の会社が不祥事を起こし、給料も含めて状況が一変。20歳からずっとまさかの連続に悩み、いまの状態を抜け出すにはどうすれば良いのか、仕事を長く続けられる方法はないかと模索していました。

転機が訪れたのは2014年。会社員時代に『いますぐ妻を社長にしなさい』の新聞広告が目に入り、妻社長メソッドに出会うことができました。

学んだことをとにかく素直に夫とともに実践することを繰り返し、セミナー受講中にもかかわらず良い物件との出会いがあって不動産賃貸業をスタート。夫婦で手分けして協力しながら実際に行動に移したことで状況がガラリと変わったのです！

現在は情報発信ビジネスや企業ＰＲを請け負い、動画配信も行っています。

20代から30代にかけてうまく行かないことの連続で、辛くて泣いた日もありましたが、悩んでいた日々から抜け出せたのは、妻社長メソッドに出会い、学んだことを信じて実践したからです。起業してからも事件は起きましたが、コミュニティーの仲間や先輩から学んだことや続ける力が身についていたおかげで次々と乗り越えることができました。

実際に妻社長として、仕事をするようになり実感したのは、このメソッドはいまの時代にぴったりな女性の新しい働き方だということ。結婚、妊娠、出産を経て子育てするなかで、より確信しました。

周りのお母さんたちの声を聞いていると、仕事と家事育児の両立がものすごく大変だという内容がほとんどで、保育園に入りたてでは病気の連続で勤務が難しいし、そもそも保活も厳しい。小学校に入ったら今度は小１の壁があり学童に入れない問題も。両立に疲れて会社を辞めてパートをする人や、民間の高い月謝の学童に入れるしかなく何のために働いているのだろうと悩んでいるお母さんたちを見て、私の使命はムリなくおうちでもできる働き方を広めることだと思い、世に向けて情報発信をスタートしました。

人生100年時代に突入し、まだまだ先が長いです。長く続けられて、しかも時間の融通が利く、おうちにいながら子育てしながらムリなく収入を得られる女性を増やしたい！

会社の代表という肩書きを持つと世界も広がり自分のためにもなります。これからも新しい女性の働き方を広め、ムリなく楽しく家庭と仕事を両立できるママ社長を増やし応援していきたいと思います！

古川美羽のプロフィール

東京在住の小学生のママ。自身の経験から多くの夫婦に将来の安心を手に入れてもらいたい、子育て中のお母さんにムリなく家でできる働き方を知ってほしい、年齢もキャリアも関係ない働き方があると広めたいと思い情報発信、講師業も行っている。著書に『妻リッチ起業術』（ごま書房新社）などがある。夫も住宅ローンの本で商業出版の夢を実現。ameblo オフィシャルブロガー。

古川美羽のオフィシャルブログ「ゼロから始める『コツコツリッチ』副業術」
https://ameblo.jp/puppy-tamago/

妻社長ストーリー❻

独身のまま妻社長メソッドを実践できる⁉

名前　斉藤英志（さいとうひでし）、53歳。
家族構成　独身。東京都在住。
職業　自営業（不動産・相続コンサルタント）。副業で障害者グループホーム事業。
ビフォーアフター　売上迷走の本業のみ↓本業の安定＋月商460万円の副収入。

サラリーマンから不動産・相続コンサルタントとして独立したのち、本業とは別に妻社長メソッドのエッセンスを取り入れた新たな形態で、副業のビジネスを展開しています。

独身なので、妻を社長にはできませんが、空き家活用と社会貢献を組み合わせた「障害者向けグループホーム」を運営する会社を設立。本業とも関連付けて、ご本人とご家族をサポート。障がいのある子をもつ親亡き後の問題にも積極的に取り組んでいます。

精神・知的障害者向けの生活拠点・自立支援の場として戸建て4棟を活用し、月商460万円を達成しました。

結果的に自分が本当にやりたいこと、やるべきことが明確になり、『定年退職後に〝毎月〟20万円を得る！〝コツコツ〟ワンルーム投資術』を商業出版することもできました。


いまでこそ本業も副業も順調ですが、サラリーマン時代は毎日が地獄でした。30代前半で未経験の不動産・ワンルーム投資販売会社に転職。毎月のノルマ追求やパワハラが当たり前の環境下で自分を見失い、「お客様＝お金」という感覚に陥っていたのです。

その後、何とか売上を上げるようになるも、購入したお客様から「こんなことになるのなら買わなければ良かった」と言われたことをきっかけに、売るためには手段を選ばない営業マンの姿や、売上至上主義に徹した会社の方針、そして私自身の売り方そのものに対しても疑問を抱くようになりました。

その過程で、お客様と不動産業者との間に情報や経験のギャップ、不満があることに気づき、コンサルタントとして独立。13年続いた苦悩の日々から解放されたのです。しかし、なかなか自分のスタンスが定まらず、売上も低迷し迷走する日々が2年続きました。

妻社長メソッドと出会ったのはその頃です。これがきっかけとなり、不動産会社に対してと同様に、銀行や生命保険会社に対して抱いていた違和感の正体を知るに至ります。

妻社長メソッドから学んで、本当にやりたいことを通じて貢献することで、ビジネスが好転。さらに相続案件をきっかけに、空き家活用と社会貢献を組み合わせた障害者向けグループホームを開始することになったのです。

会社を設立すること自体は簡単です。でも、継続的成長のためには前段階の考えがもっと重要です。妻社長メソッドからは、そんな原理原則を学びました。独身であってもその考え方やエッセンスを活用し、自分が本当にやりたいことに貢献視点を持たせることで、ストレスなくビジネスを展開できたのです。

本業と両立するため、自分が現場にいなくても運営できる環境を構築。理念や活動に共感して私の不得意分野（障害者福祉）を補ってくれる事業パートナー選びを最重要観点として取り組んできました。

お金儲けだけではモチベーションや事業が続きません。人や地域に貢献する視点を持つことこそが、充実した人生を築く鍵であると感じています。障害者グループホームを通じて、関わる人とその家族のワクワクした人生を応援し、共感する仲間とともにビジネスを発展させていくことが今後のテーマです。

斉藤英志のプロフィール

兵庫県淡路島出身。不動産業界の表も裏も知る元マンション投資営業マン。不動産投資業界に13年間携わり、「不動産やお金での後悔を一人でも減らしたい」との思いから、中立公平な視点でアドバイスする不動産・相続のコンサルタントとして独立。また、空き家活用から派生して、一戸建てを活用した自立支援を目的とした障害者グループホームを運営。

プライベートカンパニー
㈱ネクストライフプランニング
https://next-lp.jp/

妻社長ストーリー⑦

副業が支えとなり辞表を出したら出世して、ブラック職場をホワイトに変える！

名前　小林依久乃（こばやしいくの）、アラフォー。
家族構成　専業主夫の夫と妻の私の2人家族。首都圏在住。
職業　ブラック職場の中間管理職。副業で情報ビジネスと賃貸ビジネスを手掛ける。
夫の職業　専業主夫。夫社長。
ビフォーアフター　副収入で給料以上に稼ぎ、辞表を出したら出世。商業出版も実現

私は金融機関からサービス業の職場に転職しました。名前をいえば必ず「一生安泰だね」「就活勝ち組だね」と反応される職場でしたが、初出勤からまもなくして、理不尽なことが多いブラック職場であることに気づきました。

このまま続けたら身が持たないことがわかっていながらも、辞めた後の収入への心

配が拭いきれない私は、転職活動を始めました。平日、仕事から帰ってきたらインターネットで転職先を探し、書類を送りまくりましたが、どれもしっくりきませんでした。

脱サラの可能性も考え、フランチャイズ店舗の説明会に何回も足を運びましたが、自己責任の重さの割には収入が安定していないことに尻込みしてしまいました。

妻社長メソッドと出会ったのは、そんな八方ふさがりになっていた頃のこと。法律で副業が禁止されている公務員ですら通用するということは、かなりのスキームに違いない。そう感じた私は、リストラに遭って専業主夫として家事に専念していた夫と一緒に学び始めました。3カ月学んで基礎を身につけ、不動産賃貸業に着手。気づいたら、副業だけで生活費を賄えるレベルになったのです。

情報ビジネスに軸足を移すタイミングで、プライベートカンパニーも設立。私の場合は夫を社長にして副業バレ対策を講じました。

家事のほかプライベートカンパニーの経理など面倒なことは夫に任せ、私は本業、副業に専念。さらに副業で得た収入の一部を資産運用してさらに収入を増やしたのです。

一難去ってまた一難。副業と投資の収入が給与を上回り、副収入だけで生活できるレベルになった頃、職場で理不尽な事件が勃発。「この1年間の努力は何だったのか」と憤りが止まらないほど酷い出来事でした。年収が2倍になっていつ辞めても生活できる状態でしたし、客観的に見て私にまったく非はなかったので、本社の人事課へ乗り込みました。

辞めるつもりで辞表も持参。理不尽な事件だけでなく、これまでにあったブラックぶりも訴え、辞めた後はこれらを全部ネットで公表するくらいの勢いで言ってやりました。

すると本社の人事課はタジタジ。正式に謝罪が行われ、翌年度に出世ポジションを用意する確約までいただけたのです。

本当に出世ポジションに就けたことで思いどおりに改革ができ、ブラックな職場でありながら自分の周りだけはホワイトな環境になりました。嫌な上司や同僚に対しても物おじせずフラットに接することができ、純粋に会社のため、お客様のため、同僚のために役立つ姿勢を貫けるようになりました。ストレスフリーで毎日の出社が楽しくなったのです。

思わぬ副産物として本業のパフォーマンスも向上しました。

たとえば、副業のために勉強したセールストークが、なぜか本業のクレーム対応に役立ってしまいました。コピーライティング技術も本業の広報誌の執筆に役立ち、生産性も向上。副業で経費と売上にシビアになったため、本業でのコスト意識も上がりました。サラリーマンで多忙ななか、いかに時間を副業のために割くかに注力。本業でも時間管理にシビアになり時間効率が上がりました。さらに経営者マインドを身につけたことで、職場業務の改善提案という思い切った行動がとれたのでしょう。その提案が採用されて職場全体の業務効率も大きく改善。結果的に副業は、本業での昇進までもたらしてしまいました。

この体験を全国のサラリーマンに伝えたいと思っていたら、副業や投資の仲間から「本にしたほうがいいよ」と言われて企画を準備。『超初心者向け副業術』（Ｃｌｏｖｅｒ出版）を執筆し、商業出版まで実現したのです。

もし、あのとき、妻社長メソッドに出会っていなければ、毎日仕事が楽しくてお金も時間も心も豊かな生活は実現しなかったでしょう。

小林依久乃のプロフィール

プロサラリーマン兼ビジネス書作家。ブラック企業でサラリーマンを上手にこなしながら副業と投資で生活費を稼いでいる。『超初心者向け副業術』（Clover出版）の著者。

公式note
https://note.com/ikuno_kobayashi/

妻社長ストーリー❽

夫婦の共同事業というコンセプトに妻が納得して、独立に成功！

名前　大杉潤（おおすぎじゅん）、65歳。

家族構成　63歳の妻と夫の私と娘との3人家族（息子は独立）。埼玉県在住。

職業　元銀行員で、その後3回転職。副業で手掛けた情報ビジネスで起業独立。

妻の職業　パート職員で、かつ、妻社長。

ビフォーアフター　手取り収入は会社員時代ピークの2倍、自由時間は10倍以上。

私はいま、65歳で高齢者の仲間入りとなったところですが、100%好きな仕事だけを毎日続けています。57歳のときに4社で合計33年9カ月続けてきた会社員を卒業して起業。定年のない自由な働き方で手取り収入は会社員時代ピークの2倍、自由時間は10倍以上になりました。年金受給の権利を取得しましたが、受け取らずに繰り下げ受給をして年金額を増やしていく予定です。

仕事は情報ビジネスで、妻が社長の合同会社で受注し、個人事業主の私に外注する形。芸能人・アスリート・フリーアナウンサーなどの個人事務所と同じスキームです。

具体的には、研修講師、経営コンサルティング、個人コーチング、ラジオ等のメディア出演、執筆業（ビジネス書、WEB媒体）の5つに収入を複線化して経営が安定するように工夫。自宅の埼玉県と執筆拠点の伊豆との2拠点生活で快適に好きな仕事をしています。

きっかけは、理不尽な評価に苦しみ、経営陣との人間関係に悩んでいた会社員時代に、『いますぐ妻を社長にしなさい』と続編『とにかく妻を社長にしなさい』に出会ったことで、書いてあった通りに実践しました。副業禁止の会社だったため、起業準備をする間はブログによる情報発信、セミナー開催や個人コーチングなどをすべて無報酬で行っていました。

4社目の会社を辞めることになり、起業以外には選択肢がなく、家族にもそのことを伝えました。

ところが妻や子どもは「どうやって食べていくのか」と起業には大反対。必死で家族を説得しましたが、決め手になったのは、妻が社長の合同会社を設立して夫婦の共同事業として起業するという「妻社長メソッド」の応用です。

夫婦の共同事業として起業して良かった点は、役割分担が明確になり、夫婦それぞれの強みを活かして協力体制が構築できたことです。私が営業とコンテンツ開発・制作、現場納品を担当し、妻が管理部門（経理処理、請求書発行、資金繰りなど）を担当する体制となりました。夫婦でのコミュニケーションは現場納品のない土日が中心となりますが、食事をしながらの会議など、会社をつくる前よりも頻繁かつ円滑に話し合うようになりました。

当初2年間は収入が不安定でしたが、研修事業をメインに切り替えた3年目に2冊目の出版やそれに基づく研修プログラムの開発によって売上が徐々に伸びてきました。

ところが、新型コロナによる緊急事態宣言によって、企業研修がすべて中止・延期となり、4カ月間、研修事業の売上がゼロとなる最大のピンチを迎えます。そこで、提携する研修会社と相談して新たに「オンライン研修」を開始。企業にとっては、受講者を会場に集める出張経費や移動時間がかかりません。研修会社にとっても、対面研修と変わらないクオリティと料金設定を実現して、双方にメリットのあるビジネスモデルとなりました。これが多くの企業で評価され、対面研修のとき以上の売上を上げることにつながったのです。

その結果、会社の売上もV字回復を果たし、利益も過去最高を更新しました。

今後については、2023年2月にスタートした音声配信「Stand.fm」での自分のラジオ番組「大杉潤の出版応援ラジオ」で毎日配信を継続して、多くの著書読者やリスナーの方々の副業やひとり起業を応援していきたいと思っています。

また、起業したときからの夢である「ハワイ進出」を2024年からスタートし、5年後の70歳をめどに、「ハワイと伊豆の2拠点生活」を実現したいと計画しています。現在、伊豆で行っている執筆業をハワイで行うのをメインとし、自らのライフスタイルを発信する情報ビジネスを生涯現役で続けていくのが目標です。人生のミッションは「世界中の人たちにビジネス書の素晴らしさを伝えていく」こと。これをハワイと伊豆の2拠点で死ぬ直前まで続けて「生涯貢献」を果たしていくつもりです。

大杉潤のプロフィール

早稲田大学政治経済学部を卒業後、日本興業銀行（現みずほFG）に22年勤めた後、新銀行東京の立ち上げに創業メンバーとして参画、人材会社、メーカーの経営企画・人事責任者を経て、57歳で妻が社長の合同会社ノマド&ブランディングを設立して独立起業し、現在9年目。著書に『定年ひとり起業』シリーズ3部作（自由国民社）などがある。

大杉潤公式サイト「ノマド&ブランディング」
https://jun-ohsugi.com/

妻社長ストーリー❾

家事も育児もビジネスも二人三脚で年商が3倍にアップ！

名前　いのようこ、48歳。

家族構成　夫と私と、娘の3人家族。広島県在住。

職業　主婦。副業で情報ビジネス（講師・コンサルティング業）を手掛ける。

夫の職業　自営業（建築業）。

ビフォーアフター　夫の個人事業主からの法人成りと妻の副業で、年商が3倍になった。

私は、建築業を営む夫の事務を在宅で手伝う傍ら、情報ビジネスを副業として、講師業やコンサルティングをしています。

就職氷河期世代の私は、地元の四年制大学を卒業したものの正社員にはなれず、不安定な非正規雇用の立場からは抜け出せないままでした。

結婚後は、フリーランスとしてWEB制作や事務代行の仕事をしていましたが、出産を機に売上はゼロです。育休とは名ばかりで、夫の稼ぎだけが頼りでした。家庭も大事にしたいけれど、私自身が〝経済的に自立した女性になりたい〟という想いもあり、幼い子どもと二人きりの時間を過ごし、社会に取り残されていくのが、ただただ苦痛でした。

そんなとき、2020年2月に一冊の本『いますぐ妻を社長にしなさい』に出逢いました。これが運命の転機となりました。コロナ禍でオンラインだからこそ、自宅にいながら夫婦で一緒にリスキリングし、二人で新たな夢を描きました。

以前は夫婦それぞれが個人事業主でしたが、2020年11月、夫の個人事業を法人化しました。妻社長メソッドでは、サラリーマンの妻を社長にしますが、我が家では、夫を代表にし、妻がパートという形をとっています。いままでの実績があったので、個人事業の法人成りということで、銀行口座の開設や融資も、万事順調にことが運びました。

個人事業主でも、自宅の仕事スペース、水道光熱費、ガソリン代などを家事按分で経費計上できますが、法人では、夫と私の給与はもちろん、社会保険料、福利厚生費や、生命保険料などを経費として計上できます。経費面、節税面、トータルで見てメリットが大きいのです。何より、法人化したことで対外的な信用度が高まりました。

融資もそうですが、個人ではできない取引も、法人だと可能になり、取引先が増え、契約の件数も金額も増えました。補助金を活用して、お客様からの受注額もアップしました。その結果、法人2期目には、個人事業主のときの平均値より、年商が3倍にアップしました。

現在ではインボイス制度も始まり、同業者からは「消費税免税事業者のままでは企業との取引継続が難しい」との声も聞いています。結果的に見て法人化は必然であり、ベストでした。

夫が苦手な対外的な接客応対や、私が得意な事務サポート（パソコンスキル）など、私の存在もプライベートカンパニーの格上げに一役買っています。法人の事業内容に含まれる私の情報ビジネス（講師・コンサルティング業）でも、個人だけでなく法人のクライアントともお取引でき、着実に売上を増やしています。

夫婦で対等にビジネスについて語り合い、応援し、楽しい夢や希望を描く姿は、子どもへの何よりの贈り物です。娘は「おとうさん、シャチョーさんなんだねー」と、パパ（夫）を鼓舞しています。数年前は、家事も育児も当然のようにワンオペでしたが、いまとなっては、家事も育児もビジネスも二人三脚、いや三人四脚ですね。

妻社長メソッドのおかげで、私たち夫婦は、それぞれが得意なことを活かして、お互いになりたい姿や夢を応援しあえるようになりました。また、サラリーマンではなく、自営業者だからこそ、経営者マインドで妻社長メソッドを最大限に活用し、事業を拡大できました。

「ママは家族の太陽」です。ママが笑っていれば、家庭は明るく、心穏やかでいられます。女性も経済的な自立が必要です。特に、限りある家族との時間を最優先したい人のために、パートナーシップの強みを最大限に活かしながら、オンラインで世の中に貢献し、感謝の対価を得る仕組みづくりをサポートしていきます。

そして何より、好きなことで楽しみながら稼げる知恵と勇気と安心感を、家族の一番の応援団であるママと子どもたちに伝えられるよう、今後も邁進していきます。

いのようこのプロフィール
オンラインにて北海道から沖縄まで100名以上が参加する『ソレイユ母の日イベント』を主催。ママたちの価値観や使命からビジネスの構築・マネタイズまでをサポート。2023年に出版した夫婦のパートナーシップを活かして豊かになる『女性はワガママくらいがちょうどいい！夫婦の「豊かさ」は価値観が9割』はAmazon Kindleランキング2冠を達成。

Kindle書籍
https://amzn.to/3vuf9in

妻社長ストーリー⑩

子どもの誕生を機に仕事の内容そのままで身分を変えて収入を増やす

名前　成島拓（なりしまたく）、35歳。

家族構成　夫の私と妻と子どもの3人家族。東京都在住。
職業　元出版社。副業で手掛けたコンテンツビジネスで独立・起業。
妻の職業　妻社長。
ビフォーアフター　妻社長メソッドを取り入れたことで収入が7倍に。

私は、妻と幼い子どもと東京都で暮らすマーケティング・コンサルタントです。10年以上、会社員と並行して副業をしていましたが、現在は独立。夫婦で経営する法人では、お客様の売上・利益アップのアドバイスをし、そのノウハウを教えるオンラインスクールを提供しています。

いまでこそ好きな仕事で起業できていますが、最初は銀行員として社会人生活をスタート。お堅い仕事に馴染めず、営業成績はほぼゼロ。営業代行など複数の副業にもチャレンジしましたが売上は立たず、経費ばかりの赤字状態。貯金もほとんどなく、年末年始などに大学生に混じってイベント設営の日雇いバイトでしのぐ状況になってしまいました。

ある日、書店で『いますぐ妻を社長にしなさい』を見つけて、当時の彼女（現在の妻）と協力しながら民泊を始めたところ、大幅な黒字化に成功。インテリアセンスやシーツ交換を中心とした洗濯作業の効率化で妻が大きく役立ってくれたのです。この経験から、ビジネスもプライベートも妻と協力するスタイルに変わり、絆も一層強まりました。

家計に余裕ができたことで、やりたかったマーケティング・コンサルティングの副業をスタート。これは出版社で培った経験とスキルを活かしたものです。

次に副業の経験を出版社での仕事に逆循環させました。副業経験があるからこそ、副業をテーマにした書籍やセミナーをつくって販売し、売上額も社内でトップになりました。

ときには出版社社員としての裏方だけでなく、著者・セミナー講師を兼務する社内で唯一の特別なポジションも獲得しました。

このように本業も副業も、得意で好きなことをやれていたわけですが、転機が訪れます。

それは子どもの誕生です。育児のために、より自由な働き方を求めて会社員を辞めることを決意。一方で勤務先からは、私の力を引き続き必要としていただけました。

そこで、従業員という身分から業務パートナーに転身。私たちの法人とプロジェクトごとに契約を結び直してもらいました。月々の収入はアップダウンしましたが、成果を出せたおかげで、年間トータルの収入ではアップすることになりました。

こうして10年以上、両立しながら活動できた背景には、ミッションの存在があります。妻社長メソッドでもミッションが大切ですが、軸があるからこそ複数の活動を同時にやっても、会社員と副業、仕事と家庭を両立させることができたと考えています。

私のミッションは「自由と安定を両立した豊かなライフスタイルへの第一歩を切り拓く」です。この使命に基づいて、セミナー受講生や読者さんが豊かなライフスタイルを送るキッカケになることを常に意識していました。

副業で提供しているコンサルティングやオンラインスクールの顧客にもそのキッカケを提供できたと自負しています。

現在はマーケティング・コンサルタントとして、起業・副業ノウハウを教え、売上・利益アップを支援しています。

しかし、そのビジネスも豊かな人生を送るための一つの手段にすぎません。それを忘れずに「人生トータルでどうなりたいのか?」から逆算して、お客様にアドバイスをしています。

特徴を一言でいうと「凡人のための負けない人生戦略」です。このコンセプトでいまも活動。普通の人が安心・安全に起業して安定的に人生を豊かにしていくための戦略構築が強みになっています。そのために「マーケティングは人生の万能薬」という座右の銘を携えて、マーケティングに関する情報発信をしています。

理想へ向かって一歩踏み出したい方には、これからも、お役に立ちたいと思っています。

成島拓のプロフィール

マーケティング・コンサルタント。メガバンク、出版社を経てコンサルタントに。累計28億円以上のコンテンツを売り上げた「売れるノウハウ」&「売れる商品を創るノウハウ」を教えるプロ。〝顔出しなしで情報発信〟するコンテンツ&マーケティングの専門家。会社員と副業を両立させる『ハイブリッド起業戦略』を提唱。マルチーズ犬愛好家。

成島拓リットリンク
（ＳＮＳ等まとめ）
https://lit.link/freeowner17

妻社長ストーリー⑪

子どもたちが自分の進路を自分で見つけ、自発的に行動し始めた

名前　杉山たかひろ（すぎやまたかひろ）

家族構成　専業主婦の妻と夫の私と中2の娘と小5の双子の5人家族。神奈川県在住。

職業　サラリーマン、個人輸出。

妻の職業　専業主婦。

ビフォーアフター　3人の子どもが自分の進路を自分で見つけ自発的に行動し始めた。

現在、中学2年生の娘と小5の双子の男の子がおり、子育て・教育に奮闘中です。上の子と下の子が3学年差。下の子が双子なので3人いっぺんに受験があります。教育費用もさることながら3人のサポートをするのはとても大変です。お金の面は親ががんばれば良いのですが、受験や勉強の取り組みに関しては本人たちの目的とやる気

にかかっています。なるべく親がつきっきりでサポートしなくても自分から勉強、お手伝いをやってくれる子に育てたいと思い、お金のソムリエキッズ（子ども版の妻社長メソッド）を学び、家族5人でスタートをきりました。

スタート当時は長女が小6、下の双子が小3でした。当初は、四半期に一回行うグループコンサルも恥ずかしがってうまく話せなかったり、他のお友だちの発表をじっと聞いていられなかったり、三人一緒に受けるのはかなり大変でした。

ただ何回かのグループコンサルを通して過去の振り返り、次の四半期の目標発表や成果（ピアノ演奏、自作プログラミングゲーム解説、iPadで描いた絵やクレヨンだけで描いた絵画披露）を自発的に発表。他のお友だちの発表もしっかり聞いて徐々に質問や拍手をすることで応援、貢献する精神が身についてきました。本当に習慣化と環境の力には驚かされました。

長女が中学1年生の頃には「起立性調節障害」で学校に行けず、思うように勉強にも取り組めない時期がありました。さまざまな治療を試みても治らず苦しみました。

そんななか、自宅にいながら授業をオンラインで受けられる中学校の新しい取り組みが始まりました。技能教科は学校に行きましたが、主要五科目はオンラインで受けられたのは大きなチャンスでした。娘本人が体調の悪いなか、勉強をがんばろうと思えたのは、小6の段階でお金のソムリエキッズで自分の夢、目標、目的を明確化していたからだと思います。

絵を描くのが好きなので挿絵画家になりたい。そして外国の文化に触れて海外で活躍するアーティストになりたいという夢から英語の勉強もがんばっています。

小6までは趣味もなくお金を一切使うことはありませんでしたが、夢が見つかってからは海外アーティストのライブに行きたいと、高額のチケットも自分で買って行くようになりました。

自己投資として、貯金して計画的にお金を使うようになったのはお金のソムリエの学びを活かせたからです。

このお金の投資、消費、浪費という観点はお金のソムリエで学んだことでしたが、それ以上に時間に対する投資、消費、浪費を自ら意識して手帳やホワイトボード、ふせんを使って時間管理、目標設定をしているのは親ながら感心しました。

こういうマインドセットができていたので「起立性調節障害」という苦しい状況にもたえて乗り越えられたのだと思います。

ここまで来られたのも、学校の担任の先生、学年主任の先生、奥さん、両親、双子の弟たちのサポート、そしてお金のソムリエの環境、出会いがあってのことだと思います。

杉山たかひろのプロフィール

平塚（神奈川県）在住のサラリーマン。夢は、家族でテニスのダブルスの試合をやること。e-bayでの海外輸出に挑戦中。

Facebook
https://www.facebook.com/sugiyama.takahiro.7

自分に重なる物語をトレースしよう

境遇が似た人や、共感できる物語は見つけられましたか？見つけられたなら、あなたはラッキーです。もしあなたが数年前に同じことを始めていたら、今のあなたにも同じような変化が訪れていたと思います。

今からでも間に合います。**真似しながら、その物語をトレースしてみてはいかがでしょうか。いますぐ始めたら、数年後のあなたにも、きっと同じような変化が訪れますよ。**

それから、この11名も第6章までに登場された皆さんも全員実在していて、Facebookや Instagram、noteやX（旧Twitter）のいずれかで情報発信しています。フォローして友達申請すれば、もしかしたら繋がれるかもしれません。お手本となる人がいれば、それだけで安心して実践できますので、ぜひ、考え方や行動を真似してみてください。

あとがき

私には夢があります。

誰もが搾取されずに貢献し、感謝の気持ち（お金）を受け取って裕福に幸せに暮らせるようになることです。

「理想論であって、現実的ではないですね……」

たしかにその通りです。資本主義社会とは資本家（法人）のための社会なので、いまの社会構造と法律のもとでは実現不可能です。


でも、本書で学んだあなたには実現可能です。まずは自分たちが資本家の身分を獲得すればよいのです。少しずつ輪を広げていけば、すべての人が資本家の身分を兼務する未来は到来します。

妻社長メソッドは節税メソッドですから確実に資産形成できます。同時に、貢献を中核に据えた利他的なメソッドですから、確実に自己実現もできます。

もちろん誰もが最初は、吹けば飛ぶような弱小資本家からのスタートです。

だからこそ、弱者の戦略としてサラリーマンを兼ねる妻社長メソッドが有効なのです。

実践者同士が安心して自己開示できるコミュニティーに身を置いて、お互いに応援し、アドバイスしあうことも、弱者の戦略の一環です。20年近くも実践し、足掛け10年コミュニティー運営に携わってきた私の結論でもあります。

あなたは、「マトリックス」という映画をご覧になったことがありますか？

架空の物語ですが、架空ではありません。なぜなら私たちは、資本主義というマトリックスの中で生きているからです。

その証拠に、基軸通貨の米ドルも英ポンドも、資本家の頂点にいる民間人が発行してきました。彼らがつくった資本主義のルールのなかでしか私たちは生きられないのです。

通貨そのものはただの紙切れで、本当は価値がないにもかかわらず……。

「バカを言うな！　それが本当なら、その民間人が丸儲けだろ！」

はい。そのとおりです。

米ドルも英ポンドも民間銀行が印刷してきたので、過去300年にわたってお金を印刷してきた民間銀行のオーナー（超弩級の資本家）は丸儲けです。

「嘘だ！　アメリカの国民も大統領も、そんな理不尽を放っておくわけがない！」

そのとおりです。リンカーン大統領も、ケネディ大統領も、トランプ大統領も挑みましたが、勝てませんでした。通貨発行権とはそういうものです。

信じられない方は「FRB」と「ロックフェラー」の2つのキーワードで検索すれば、真実に肉薄できます。FRBとは米ドルを発行するアメリカの中央銀行の略称です。

お金の常識の9割は間違えているとお伝えしました。「政府機関が基軸通貨を印刷している」という常識が間違いなのですから、お金の常識の9割が間違えていても不思議ではありません。

きっかけは紙幣という紙の通貨が発明されたこと。それ以前の金貨も銀貨もその物質自体に希少価値があるのでお金とは本来は美しいものだったのですが……。紙幣という紙切れの通貨が発明されたことで、常識と非常識とが逆転したのです。

常識と非常識とが逆転したのですから、常識的な人がお金持ちになれるわけがありませ

ん。非常識に発想できる人しかお金持ちになれなくなったのです。

だからこそ、そんな世の中を変えたい。だって、どう考えても、そんな世界はおかしいじゃないですか。あなたも、そう思いませんか？

「歴代大統領でさえ敵わなかったのだから、無理でしょ！」

たしかに真っ向勝負では敵いません。でも妻社長メソッドなら、自分と家族を守れる。

この本を読み終えたあなたならきっと、私が思い描いた夢に共感されたはず。共感されたあなたを私も応援します。そのために坂下仁公式サイトにて読者専用の応援グッズを用意しました。次回作の第7章の主人公はあなたです。

坂下　仁

坂下 仁　さかしたじん

お金のソムリエ協会会長。メガバンク行員として30年近く、個人の資産形成と数千件の法人融資などにかかわり、全国の支店長を指導してきた。副業で始めたセミナーは１００組超のキャンセル待ちが続き、3年間で１０００組超が受講する人気セミナーとなる。50歳でセミリタイアしてお金のソムリエ協会を設立。セミナー受講生は６０００人を超える。多忙なビジネスパーソン、副業しにくい公務員、経営者や士師業、パートや主婦、海外在住者など受講生の顔ぶれもさまざま。ジャンルも、大家業、輸出入などの物販、講師業、コンサルタント、アフィリエイト、クリエイター、ライターなど多岐にわたり、実践者の収支は1年で数十万～一千万円増加。本業以上の副収入を得てセミリタイアする会員、商業出版する会員も続出。「週刊ダイヤモンド」「ＰＲＥＳＩＤＥＮＴ」「日経マネー」「ダイヤモンドＺＡｉ」「ＴＨＥ21」「朝日新聞」など数十の雑誌・新聞・ＴＶ・ラジオで紹介される。主な著書に『とにかく妻を社長にしなさい』（サンマーク出版）、『サラリーマンこそプライベートカンパニーをつくりなさい』（フォレスト出版）、『40代からは「稼ぎ口」を2つにしなさい』『やりたいことが絶対見つかる神ふせん』（以上、ダイヤモンド社）などがある。

著者の「坂下仁公式サイト」では、読者へのプレゼント案内もしている。
https://moneysommelier.com/gift3

本書は2014年2月にサンマーク出版より刊行された『いますぐ妻を社長にしなさい』を改題および加筆・再編集したものです。
内容については、2024年2月時点で著者が知りうる情報を基に作成しております。あくまでも原則論を書いており、原則には例外がつきものであることをご了承ください。投資に関しては自己責任においてなさってください。本書および本書に登場する情報元を利用してのいかなる損害等について、著者、出版社、製作協力者は一切の責任を負いません。また投資や取引に関する質問や相談は、取引先の金融機関や当該の企業等へ問い合わせてください。

新版　いますぐ妻を社長にしなさい

2024年 4月 3日　初版発行
2024年 11月 14日　3刷発行

著　　者　坂下 仁
発 行 者　太田 宏
発 行 所　フォレスト出版株式会社
〒162-0824
東京都新宿区揚場町2-18　白宝ビル7F
電　　話　03-5229-5750(営業)
03-5229-5757(編集)
U R L　http://www.forestpub.co.jp
印刷・製本　萩原印刷株式会社

ISBN978-4-86680-273-2　Printed in Japan